# 三浦義武

## 缶コーヒー誕生物語

神 英雄

松籟社

# 序文

この度は『三浦義武 缶コーヒー誕生物語』のご出版、誠におめでとうございます。

著者の神英雄氏におかれましては、浜田市立石正《せきしょう》美術館に在任されていた平成一四年から長きに渡り、浜田市出身でコーヒーを愛し、コーヒーにその人生をささげた希代のコーヒーマニアである故三浦義武氏（一八九九〜一九八〇）について研究を重ねて来られました。そして今日、書籍『三浦義武 缶コーヒー誕生物語』のご出版を迎えられたことは、偏《ひとえ》にこれまでのご努力と熱意の賜物であり、深く敬意を表する次第です。

さて、三浦氏は平成二七年に有名缶コーヒーのCMにも取り上げられた浜田市三隅町の出身で、布のフィルターを使ったネルドリップで独自のコーヒー抽出法を編みだして濃厚で香り高くコクのあるコーヒーを完成させました。そして、このコーヒーをヨーロッパへ輸出するため、水産業が盛んな浜田市内に多く存在していた魚の缶詰工場に着目して協力を仰ぎ、苦心の末、世界で初めて缶コーヒーを作って販売を開始されました。

彼の遺した功績は、司馬遼太郎先生が「絵画において富岡鉄斎、陶芸において柿右衛門を誇るがごとく、コーヒーにおいてかれを世界に誇っていいであろう」と紹介されたように大変偉大なものであったと考えております。

平成二七年九月には三浦氏の作った缶コーヒーである「ミラ・コーヒー」が東京の日本橋三越本店で初めて発売されて五〇周年を迎えました。この節目の年に、彼の人物像やコーヒー業界の発展に及ぼした功績に光を当てるとともに、浜田の地から「コーヒーの薫るまちづくり」を発信することを目的として、日本コーヒー文化学会主催のシンポジウム「浜田でコーヒーを楽しむ会」を誘致し、市内外から一六〇名を超える皆さんがご参加くださいました。その翌日には、三浦氏生家跡地やコーヒー店「ヨシタケ」店舗跡地など、三浦氏ゆかりの地を巡る現地見学会が開催され、市民の皆さんの寄付金により設置された三浦氏を顕彰する記念碑の除幕式も行なわれました。

こうした中、浜田市では希代のコーヒーマニアである三浦氏の出身地であるということを活かして「コーヒーの薫るまちづくり」を進め、コーヒー文化の発展とコーヒーを通じた交流人口の拡大を目指しております。この取り組みの一つとして、三浦氏がかつて淹れていたコーヒーの味を再現したコーヒー（=ヨシタケコーヒー）を正しく提供し、三浦氏の語り部となってＰＲする事業所を浜田市が認証する「ヨシタケコーヒー認証制度」を立ち上げました。認証を受けるための認証試験はこれまで三回実施し、現在、浜田市内の五店舗が認証を受けています。三回目の認証試験では、新たに食品製造事業所が認証を受けて「ヨシタケコーヒー」を配合した菓子の開発に取り組まれるなど、ヨシタケコーヒーの新たな活用の広がりも期待しているところです。

「ヨシタケコーヒー」の実践につきましては、各認証店舗での定期的な販売活動を初めとして、認証を受けた事業所の構成員からなる「ヨシタケコーヒー友の会」が、豪華客船飛鳥IIの寄港イベントや在広島根県人会など市内外でヨシタケコーヒーを試飲・販売するイベントを開催して、多くの皆さんにヨシタケコーヒーをお楽しみいただくために活動されています。将来的には、事業所だけでなくヨシタケコーヒーに関心を持っていただける個人の皆さんにも広く趣味で楽しんでいただくことにより、三浦氏が築いたコーヒー文化を保存し発展させていくことを期待しております。

最後になりましたが、本書籍の出版にあたり多大なご尽力をされた著者のご努力と熱意に改めて敬意を表するとともに、本書籍をご覧いただくすべての皆さんに厚く御礼を申し上げたいと思います。

平成二九年一〇月

浜田市長　久保田章市

序文



## 第1章　缶コーヒー誕生……9

# 第1章　缶コーヒー誕生

本章は、『山陰中央新報』に平成二七（二〇一五）年七月一七日から翌年一月二二日まで連載した「美のコーヒーを求めて――三浦義武の生涯――」を再編集して加筆したものである。その際、『コーヒー文化研究』19で発表した「三浦義武――コーヒーに人生を捧げた石見人――」（二〇一二年）の文章をできるだけ付け加えるとともに新知見を踏まえて修正した。本章の内容と旧稿の記述とに違いがある場合は、本章が筆者の研究の現時点での到達点とご理解いただきたい。

なお、本章の記述に際して敬称を略させて戴いた。お許しいただきたい。

# 1　若き日の三浦義武

平成二七（二〇一五）年秋に放映されたある缶コーヒーのＣＭ。トワイライトエクスプレス瑞風《みずかぜ》を思わせる列車が日本各地の美しい風景の中を走り、やがて空高く飛び立つ。列車が飛びあがる直前、数秒だが大海原を背景に走るシーンが映しだされる。そこは島根県浜田市三隅町の《ゆうひパーク三隅》付近の風景だ。

列車の飛び立つ先には、独自の方法で抽出した「美のコーヒー」をヨーロッパに輸出したいと願って缶コーヒーを発案した三浦義武の生家跡がある。ＣＭ制作者は、この地が日本のコーヒー文化に大きな足跡を残した義武のふるさとだと知らずに撮影したのだろう。無理もない。地元でも彼を知る人が年々少なくなっているのが実情だ。

歌手のさだまさしは『もう愛の唄なんて詠えない』に次のように記す。

**平成29（2017）年6月に運行開始されたトワイライトエクスプレス瑞風**
三保三隅—折居間。CMで登場した海岸。義武の生家はこの近くにある。（田中昭則氏撮影）

〔前略〕父の父・佐田繁治は島根県那賀郡三隅町の出で、大農家の次男坊。実家から海辺の折居という鉄道駅までバスで三〇分ほどもかかる道のりを誰の土地も通らずに済んだほどの土地持ちだった。〔後略〕

〔さだまさし『もう愛の唄なんて詠えない』、二〇〇七年〕

この表記は必ずしも正確なものではない。彼の記す「実家」というのは、浜田市三隅町井野の上今明《かみいまあけ》集落にあった豪農の佐田家だが、そこから山陰本線の折居駅に行くために

**JR 山陰線折居駅**
地元では駅の開業に際してさだまさしの祖父が尽力したと伝える。駅に隣接する「Café ゆう」ではヨシタケコーヒーが飲める。

は、砂鉄採取やたたら製鉄などで財力を蓄えた三浦家の広大な土地を通らなければならなかったのだ。

三浦家は戦国時代に尼子氏に従って先祖が当地に入り、江戸時代になって津和野藩から五〇〇石を給せられたと伝える。棚田を見おろす斜面には今も城のような立派な石垣が残り、かつてはその上に大きな屋敷と雪舟作とされる庭があった。屋敷の前には、長州藩の村田蔵六（大村益次郎）が戊辰戦争の際に砲台を据えた跡とされる塚がある。

明治三二（一八九九）年七月一八日、義武はそんな旧家に生まれた。父は三浦家一六代政八郎、母は美津子。義武は五男四女兄妹の末っ子だった。三男の悟捌楼《ごはちろう》は成人してアメリカに渡ってシカゴ大学教授となり、晩年は保険業を営む一方、在米日本人会会長を務めた。四男の肆玖楼《しくろう》は熱帯ゴム樹栽培技術を確立し、後に東京農業大学の学長になった。

義武が四歳の時、母親が四六歳の若さで亡くなり、父もその二年後に五四歳で他界した。そのため彼は叔父の三浦慶太郎のもとで育てられた。

大正元（一九一二）年、井野尋常小学校室谷分校を卒業した後、高等科を経て浜田中学校（現浜田高校）に進学した。一年先輩には後に歴史学者となる服部之総《はっとりしそう》がいた。二人は終生厚い友情で結ばれた。

**三浦家遠望**
生家は司馬遼太郎の『花神』にも書かれた旧家だ。（三浦由美子氏提供）

服部は「私の村々の村人たち」という一文で浜田中学校時代の義武について次のように記す。

中学時代は野球・庭球・ランニング・漕艇《そうてい》・柔道・相撲の選手だった。一芸に熱心すれば必らずやりとげ、熱中する一事をなにかつねにもっていた。

［服部之総『服部之総全集』二四巻、一九七六年］

当時の浜田中学校の記録を見ると、四年生の時に剣道は校内一位、相撲は横綱、野球部では四番サードとして活躍しており、服部の記述が正確なものだと判る。この「熱中する一事をなにかつねにもっていた」性格が、後の独特の濃厚コーヒーづくりに繋がっていく。

## 2　独自のコーヒーをつくる

大正九（一九二〇）年四月、義武は浜田中学校を卒業して早稲田大学の法科に進学した。だが学業にはあまり関心を持たなかった。東京を離れて比叡山で参籠《さんろう》したり、京都の茶道家の家に下宿したりしていたらしい。そんな経験を通して、義武はお茶に興味を持ち始めていった。

同一三年、彼は当時文京区駒込にあった理化学研究所に鈴木梅太郎博士を訪ね、声楽家の三浦環《たまき》を妻に持つ三浦政太郎を紹介してもらった。当時、三浦は東京茶業組合から依頼されて、緑茶に含まれるビタミンCやカテキンについての研究を進め、「緑茶にヴイタミンあり」という論文を発表していた。義武はここでお茶とビタミンについて最新の研究成果を学んだ。やがて、ドイツのフオンハルムという研究者が「コーヒーにもビタミンが含まれている」とする論文を発表したと知る。義武は自らの手でそれを調べたいと思うようになり、コーヒーについて研究を始めた。そして、しょっちゅう研究所に出かけてはコーヒーの成分や味について学ぶとともに独学でコーヒーの歴史を調べていった。

その後、西武鉄道沼袋駅近くにある氷川神社前で静岡茶を販売する「三浦園本舗」を開いた。車を運転して産地に出かけ、自分で仕入れた茶葉を販売した。顧客への配達も好評で経営は順調だった。しかし、どうしても「コーヒーの成分を明らかにしたい」という気持ちが強くなってくる。こうなると彼の「のぼせ」は止まらない。ついにお茶の販売を妻に任せ、コーヒー豆の研究に専念するようになった。やがて、彼の興味は美味いコーヒーづくりへと移っていく。

昭和八（一九三三）年、義武はお茶の販売をやめ、東京市淀橋区西落合一―二四（現在の新宿区西落合）に移転してコーヒーの挽き売りを始めた。その後、麹町の電車通りの横丁に移った。この頃までは白哥珈琲から焙煎されたコーヒー豆を仕入れて販売していたが、それでは満足できなくなり、いよいよ熱くなっていく。理想の味を求めて銀座・丸の内の有名コーヒー店を片っ端から飲み歩き、しまいには中毒のようになって芝公園近くにあった服部之総の家で寝こんだこともあった。

ブルーマウンテン、マンデリン、コロンビアボゴタなどは、いずれも美味いが値段が高かった。しかも品薄で入手が難しい。ならば比較的手に入れやすい安価な豆を購入し、ブレンドと焙煎を工夫して理想の味をつくりだせないかと考えて研究を重ねていく。そして、ついに納得できるブレンドを完成させ、四谷見附の牛屋三河屋裏に自家焙煎所を構え、日本橋の白木屋デパートで挽き売りを始めるまでになった。

焙煎だけではない。淹れ方も工夫を重ね、他に類を見ない独自の抽出手法を完成させた。

二枚重ねにした綾織の片毛ネルの袋に大量のコーヒー粉を入れ、少しずつ常温の水を注ぎながら攪拌し、充分に水が浸みわたったら、さらに水を足していき、仕上げに熱湯を入れる。こうすると香りが立ち、濃厚な中に甘味のある独特の濃厚コーヒーが生まれた。

これが瞬く間にコーヒー通の間で評判となった。

**義武の発案したネルドリップ**
当時のものを約5分の1の大きさで復原したもの。（大江正氏提供）

# 3 コーヒーを楽しむ会

昭和七（一九三二）年一二月、日本橋の白木屋《しろきや》デパートは連日歳末大売り出しで賑わっていた。一二月一六日九時一五分、開店の準備をしていた四階玩具売り場で、展示していたクリスマスツリーの豆電球が故障しているのが見つかった。係員が修理していると突然発火。火は装飾用のモールを伝わって山積みされていたセルロイド玩具に燃え移り、あっという間に周りの商品が炎上した。

店舗は前年に増改築されたばかりだったが、四階から五階、六階、七階が焼け、焼死者一人、墜落による死者一三人、傷者六七人を出す大惨事となった。なお、この時消防隊員が逃げ遅れた女性従業員にロープに捕まるようにと指示したが、和服の裾が乱れるのを恥じて躊躇したために焼死し、この火事を契機として女性が下着を着けるようになったと言われているが、根も葉もない俗説に過ぎない。

白木屋は改修工事を急ぎ、翌年一〇月には全館での営業を再開した。一時は店の復活を祝う大勢の人が詰めかけたが、ほどなくブームは去ってしまう。そこで、経営立て直しのために様々な試みがなされた。

その頃義武はあちこち訪ねては、自慢の濃厚コーヒーを披露して評判を得ていた。特に小説家の片岡鉄兵によって「カフェ・ラール」と名付けられた極めて濃厚なコーヒーが食通の間で話題になっていた。それに目をつけたのが白木屋再建に奔走していた山田忍三専務だった。山田は七階食堂でコーヒーを楽しむ会を開くように懇願し、白木屋食品部長のポストを用意した。

昭和一〇（一九三五）年一二月から「三浦義武のコーヒーを楽しむ会」が始まった。この時の案内書が残っている。次のような義武のあいさつ文が載る。

私は学生時代からコーヒーに耽溺《たんでき》しましたが、一般市場に売っているコーヒーではどうしても満足出来ませんでした。それで研究に研究を重ね他人の知らぬコーヒーの味を自分で創り出して色々とのんで見る事が何時の間にか私の趣味となっていました。

その研究の結果として実に多種多様のコーヒーの味を見出しました。その最大限にコーヒーの醍醐味を採摘する事に成功したものを、「カフェ・ラール」と名付けましたが、その他いろいろの優れたブレンドや、ローカルカラーの豊かな各産地のコーヒーの味を広く愛飲家にお知らせし度《た》いと思い今回先輩諸賢並びに白木屋のお勧めと御援助に依り「三浦義武のコーヒーを楽しむ会」を創《はじ》める事に致しました。何卒御高評と御援助の程御願いする次第であります。

続いて小説家の土師清二、評論家の長谷川如是閑、それに片岡鉄兵の「推薦の辞」が載る。その中から片岡の文章を紹介したい。

私は、いつも三浦義武氏の珈琲を、二なきものとして家庭で愛用している。同氏は三〇種近いブレンドの方法を持っているが、何れも陰影の妙を得たものだ。斯《こ》ういう珈琲は、生活を豊富にするので、あらゆる家庭に普及される事が望ましいが、そうなると、私の家の珈琲で、来客を驚かせる事がなくなり、私としては聊《いささ》か淋しくなくもない。

同氏が、腕によりをかけると、鼈甲《べっこう》の溶解の様に、トロリとして、香味も生々とした珈琲が出来る、不安なく推薦する所以《ゆえん》である。

その後には後援者として各界の著名人四六名が名を連ねた。

伊藤簾《れん》（画家）・市村今朝蔵（政治学者・早稲田大学教授）・長谷川如是閑（評論家・作家）・長谷川伸（脚本家）・土師清二（小説家）・葉室直躬（賀茂御祖神社宮司）・硲《はざま》伊之助（画家）・服部之総（歴史学者）・堀内敬三（作曲家）・筰佐久市・俵藤丈夫（実業家）・東郷青児（画家）・岡清蔵（白木屋取締役）・板垣守正（劇作家）・井口豊子・我妻栄（法学者）・渡辺義知（彫刻家）・嘉悦《かえつ》孝子（教育者）・片岡鉄兵（小説家）・川島理一郎（画家）・吉原規《いさむ》（NHKプロデューサー・音楽研究家）・吉屋信子（小説家）・高畠達四郎（画家）・田口省吾（画家）・野間仁根（画家）・草川信（音楽家）・熊谷守一（画家）・山田忍三（白木屋専務取締役）・山田耕筰（音楽家）・松平清次郎・益田義信（画家）・藤田嗣治（画家）・小山敬三（画家）・

寺田四郎（法学者）・天野多喜子・斉藤龍太郎（芸術評論家）・佐分真《さぶり》（画家）・岸田国士（脚本家）・木下義謙（画家）・菊池寛（小説家）・宮田重雄（画家・俳優）・島本四郎（竹中工務店設計士）・後川晴之助（京都新聞社長）・千家《せんげ》活麿《かつまろ》・鈴木文治（政治家）・鈴木亞夫《つぎお》（画家）　※（　）内の肩書は筆者調べ

実にそうそうたるメンバーだ。多くは画家や音楽家、小説家、研究者、教育者だったが、その中に当時ＮＨＫで音楽プロデューサーをしていた吉原規の名前がある。彼がコーヒーを楽しむ会の発案者だとされているが真偽は判らない。

「三浦義武のコーヒーを楽しむ会」は、毎週土曜日の午後に七階食堂松の間で開催された。サンドイッチ食べ放題、コーヒー飲み放題で会費は一円。現在だと二〇〇〇円以上に相当すると思われる。決して気軽に参加できる金額ではなかったが、ここでしか味わえない美味いコーヒーを求める人で毎回賑わった。義武によれば、この会を通して全国に一万五〇〇〇人のコーヒー愛好家が生まれたという。毎回提供する産地と焙煎方法を変え、決して飽きさせなかった。特に義武が好んだのは、酸性コーヒー（モカ）、ジャバタイプコーヒー（アラビカ種やロブスタージャバ）、香気あふれるコーヒー

（ボゴダ・コバン・ブルボンサントス）のブレンドが創りだす混然とした味わいだったが、後にはブラジル産コーヒーを中心にミックスしたものを提供した。

当時の写真が残っている。金唐紙の壁紙と大きな鏡のある部屋に洒落たテーブルと椅子が並び、客が悠然と腰かける。壁際には和服姿の女給が立っている。画面中央奥に坐っているのは「将棋の殿さま」と呼ばれた柳沢保恵《やすとし》だ。その左側に足を組んだ義武がこちらを見ている。

もう一枚の写真。左から二人目は喜劇女優として人気を博していた森律子。一緒に写っている義武は映画俳優のように見える。

この会では義武が淹れる「カフェ・ラール」が大評判となった。それについて、小説家の小島政二郎

**白木屋デパートのコーヒーを楽しむ会**
左から3番目が義武。中央にいるのは柳沢保恵。（三浦由美子氏提供）

が『食いしん坊』で次のように紹介している。

まだ日支事変の前だったと思うが、或日、片岡（鉄平）に誘われて白木屋の特別食堂と云うのへコーヒーを飲みに行ったことがあった。その頃、彼は自家用の自動車を持っていた。

確か会費が一円で、サンドウィッチは食べ放題、コーヒーも飲み放題だったと思う。ところが、コーヒーが旨くって、サンドウィッチなん

**ヨシタケコーヒーを楽しむ会**
左端が義武、その隣が女優の森律子。（三浦由美子氏提供）

かには手を出す気にならなかった。それ程うまいコーヒーを飲ませてくれた。

それは島根県の浜田の生まれで、三浦義武と云うコーヒー気違いが入れてくれたのだ。逢えばコーヒーの話しかしない男で、片岡と親しかった。頼むと、コーヒーをミックスして粉にして届けてくれ、見ている前でネルの袋で入れて見せてくれるのだが、独特の手腕があって、幾《いく》らその通り真似て見ても、三浦君が入れてくれるようにはいらなかった。

「器械を使っては駄目ですよ。」

二タ言目には、そう云っていた。

殊《こと》に、白木屋で飲ませてくれたラールと云うコーヒーの旨さと云ったら、類がなかった。夏だったので、ブラックのまま冷やしてあったが、香が消えずにいて、濃くって、コーヒーの持っている旨い要素が全部出ていた。私と片岡とはグラスに二杯飲んだが、いいブランデーにでも酔ったように酔った。コーヒーに酔ったなんて、あとにも先にもこの時きりだ。

「ラールばかりはネルの袋では作れません。これだけは特殊の器械を使います。」

三浦君はそう云ったが、最後まで種明かしをしなかった。その日は帰りに、片岡と寿司を食べに行く約束だったが、酒に酔った時と同じで、何も食べたくなく、寿司屋には行ったものの、お土産を拵《こしら》えて貰っただけで出て来てしまった。

アメリカと戦争になってから、偶然浜田市を訪れる機会があったので、三浦君を尋ねたが、皆目分からなかった。そのまま、戦争が済んでからも姿を現さず、未だに消息を聞かない。

戦後、コーヒー自慢の店が方々に出来たが、まだ三浦君程うまいコーヒーを飲ませてくれる人には出合わない。

［小島政二郎『食いしん坊』、一九五四年］

コーヒーを楽しむ会は多くの人を魅了した。銀座八丁目にあるカフェ・ド・ランブルの関口一郎は、「学生の頃、白木屋で開催されていた三浦義武のコーヒーを楽しむ会に参加して、それでコーヒーの味を知った」と話す（平成一八年三月一日取材）。関口のほかにも義武の淹れたコーヒーに魅了されたコーヒー店主は多い。そのコーヒーは、飲んだ人を感動させるほど美味いものだった。当然、「三浦義武のコーヒーを楽しむ会」は大盛況となった。

昭和一一（一九三六）年五月一一日には、NHKラジオ第一放送の「趣味講座コーヒーの話」という番組で六時五五分から二〇分にわたってコーヒーについて話した（第二章参照）。おそらく、音楽プロデューサーの吉原規が発案したものだろう。この時、関係者に放送の日時を知らせる葉書を送って喜びを伝えた。

コーヒーを楽しむ会は順調だったが、八月を最後に突然休会となった。具体的な理由は判らない。そのような中、一二月には『中外財界』で「コーヒーの話」という文章を発表した。そこには、コーヒーの現状と効能、主な産地のコーヒーの説明が述べられていた。

翌年春、コーヒーを楽しむ会が再開された。開催日は第一・第三土曜の一一時～一七時に変更された。会費は五〇銭だった。これに合わせるかのように、義武は銀座五丁目天金横通りの金春映画劇場横にヨシタケを開店した。ブレンドコーヒーのほか、洋菓子、オードブル、コーヒーシロップ、コーヒーアイスクリームを販売した。彼は「コーヒーを楽しむ会」再開とコーヒー店「ヨシタケ」開店という二重の喜びを味わった。関係者に再開のあいさつ状を送ったが、そこには喜びがあふれている。

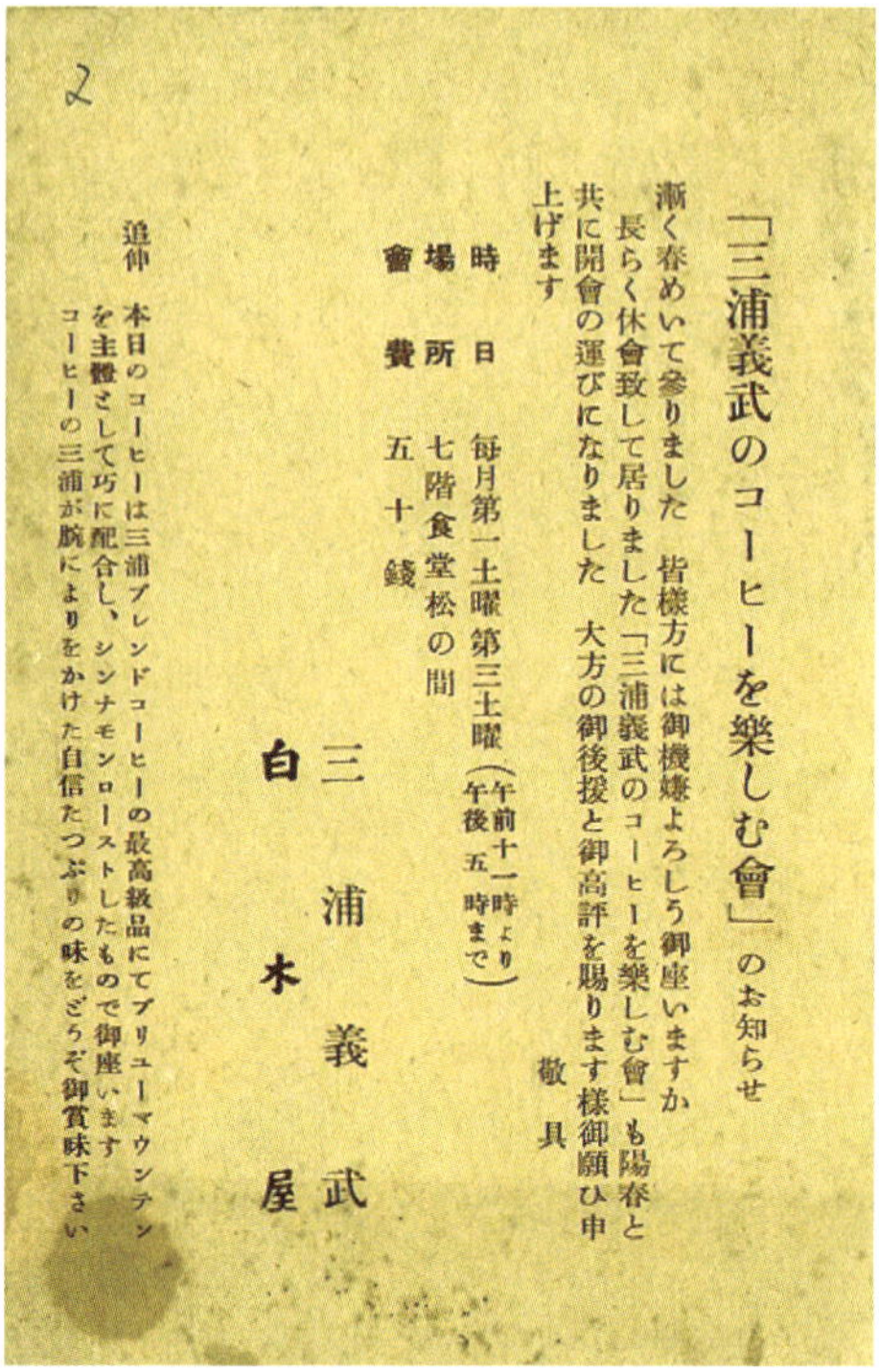

2

「三浦義武のコーヒーを樂しむ會」のお知らせ

漸く春めいて參りました　皆様方には御機嫌よろしう御座いますか
長らく休會致して居りました「三浦義武のコーヒーを樂しむ會」も陽春と
共に開會の運びになりました　大方の御後援と御高評を賜ります樣御願ひ申
上げます　　敬具

時日　毎月第一土曜第三土曜（午前十一時より午後五時まで）
場所　七階食堂松の間
會費　五十錢

三浦義武
白木屋

追伸　本日のコーヒーは三浦ブレンドコーヒーの最高級品にてブリューマウンテン
を主體として巧に配合し、シンナモンローストしたもので御座います
コーヒーの三浦が腕によりをかけた自信たつぷりの味をどうぞ御賞味下さい

「三浦義武のコーヒーを楽しむ会」
再開を伝える葉書

コーヒーの会は順調、銀座の店も多くの人で賑わった。

ところが、その矢先に大蔵省に呼び出され、「敵国の飲み物を普及させるのは国賊だ」と叱責されて白木屋の「三浦義武のコーヒーを楽しむ会」を中止させられた。銀座の店は閉店を免れたものの、時局の悪化に伴ってコーヒーの輸入

**かつてヨシタケのあった銀座5丁目**
金春映画劇場の横に店があり、多くの人で賑わったという。

量が激減し、次第に生豆を入手するのが困難となり、昭和一四（一九三九）年には閉店に追い込まれてしまう。

義武は、全霊を傾けて取り組んできたコーヒーを取りあげられ、コーヒー業界から姿を消した。これについて井上誠は『珈琲物語』で次のように記す。

〔前略〕三浦にしても、せっかく名声を得ながら何時のまにか消えたのは、知人が多くても業界には、容れられない異端者だからで――それは私にしても同じことだが――飽くまでも研究者として残っていたなら、彼は彼なりの業績を上げ得たのではなかったかと、惜しい気がする。三浦は松江の郷里へ帰った筈だが、会がなくなってからは一度も顔を見せない〔中略〕。

ひょっとして三浦の会は、日支事変のはじまる直前に見せた、コーヒーの一つの仇花のようなものであった。十五年にある筈の日本のオリンピックも、国際情勢の悪化から延期された、輸入も先行き不安だったので、コーヒーの遊びなどは、世間から白眼視されたとも言えよう。

〔井上誠『珈琲物語』、一九六一年〕

傲慢で義武を見下したような文章から、井上が義武の仕事を何ひとつ判っていなかったと判る。井上は、義武を栄誉・名声や権力を欲しがる人だと思いこんでいたのだ。だが義武はそんな瑣末なことなどに関心を持っていなかった。コストを度外視してでも美味いコーヒーを淹れ、多くの人を喜ばせたいと願っていたのだ。それは、アマチュア的な発想であり、プロの井上に理解できるはずもなかった。なお、「三浦義武のコーヒーを楽しむ会」を「仇花」と批判的に揶揄した井上だが、彼は昭和二五（一九五〇）年から白木屋デパートで「コーヒーを楽しむ会」を開いた。

『日本コーヒー史』上巻には全日本コーヒー商工組合連合会のメンバーの座談会が掲載されているが、チモトコーヒー社長の治面地修は「コーヒー屋ではないけれど、コーヒーに縁の深い人で記憶に残っている方がありますね。たとえば四谷見付のちょっと新宿寄りのところで、何とかいうコーヒーの会をやっていた。〔中略〕あの方〔筆者註：三浦義武〕は、なんであんなにコーヒーに夢中になっておられたのか〔後略〕」と話し、これを受けて、松屋珈琲会長の畔柳松太郎が「三浦義武氏はたしか山陰の松江の人と聞いているし、〔中略〕なにか非常に濃いコーヒーを出して、ひところ人気があった人ですけれども、その後酒で死んだという話です。戦後のことだったから、悪い酒でも飲んだのでしょう」と話している〔全日本コーヒー商工会連合会『日本コーヒー史』上巻、一九八〇年〕。

結局、義武に対する誤った評価は、井上だけでなくコーヒー業界にいた人々の共通のものだった。所詮、業界人にとって義武は同業者ではなく、コーヒーマニアの一人に過ぎず、彼のコーヒーへの熱い情熱は理解できなかったようだ。

# 4 浜田でコーヒー店を開く

かつて鐘紡（鐘淵紡績）という会社があったのをご存知だろうか。明治二〇年代に繊維会社として誕生した同社は、戦前は新興財閥として脚光を浴び、戦後の復興や高度経済成長に大きく尽力したが、平成二〇（二〇〇八）年にトリニティ・インベストメントに吸収合併されて消滅した。

鐘紡は第二次世界大戦前に企業の拡大を進め、各地の繊維工場を軍需工場に転用する一方、繊維以外の事業に乗り出した。その一つが昭和一八（一九四三）年七月に島根県那賀郡井野村で操業を始めた小原《こばら》鉱山だった。戦争の激化に伴って生産量が増え、終戦まもなくから昭和二二年頃にかけて最盛期を迎えた。採掘された鉄鉱石は、トラックや空中索道により山陰本線三保三隅駅に運搬された後、鉱石運搬専用列車に積まれて北九州の八幡製鉄所に運ばれた。当時の生産量は全国の鉄鉱石産出量の

**小原鉱山の青年団結成式**
鉱山近くには戦後まもなく2000人もの人が住んだ。（浜田市井野公民館提供）

約一三パーセントを占めるほどだった。全国各地から多くの労働者が集まってきて、山麓には従業員とその家族をあわせて約二〇〇〇人の町ができた。人々はそこを「小原町」と呼んだ。

昭和二〇年三月から二二年三月まで、小原鉱山の最盛期に井野村長を務めていたのが三浦義武だった。

話は昭和一七（一九四二）年に戻る。銀座の店を閉めた後も義武は家族と共に東京で暮らしていたが、生家の長兄が廃嫡となり、後を継ぐようにとの要請があった。これを受けた義武は妻の村と子どもたちとともに帰郷して一八代当主となった。ふるさとの山河や棚田は何も変わっていなかった。諸谷の人々も二十数年振りに帰って来た義武を「お館様《やかた》」と呼んで温かく迎えてくれた。

**小原鉱山横抗入り口**
義武は鉱山の最盛期に村長を務めていた。（浜田市井野公民館提供）

昭和二〇年三月、彼は村人に請われて井野村長になった。小原鉱山では様々な軋轢や衝突も起きたが、義武は村長として治安維持に腐心した。

翌年四月一〇日、戦後初の総選挙（第二二回衆議院選挙）が行なわれた。この時彼は島根県選挙区（定数六）に日本協同党（山本実彦委員長）から出馬した。二万九八三六票を獲得したもののあえなく落選。追い打ちをかけるように、翌年一月四日に第二次公職追放令が公布・施行され、三月に井野村長を辞職した。さらに、農地改革によって広大な所有地の大部分を失ってしまった。さてこれからどうしたものか。義武はしばらくの間苦悩した。

昭和二五（一九五〇）年、長く停止されていたコーヒー豆の輸入が再開された。これを知った義武は、コーヒー業界に戻ろうと決心する。

翌年、浜田市紺屋町の佐野屋呉服店裏に喫茶店を開いた。店名は東京の銀座五丁目で営んでいた店にちなんで「喫茶ヨシタケ」に決めた。しかし、銀座の店を閉めてからだいぶ経っている。入手できるコーヒー豆の種類も限られ、品質も決して良くない。どうすれば日本橋の白木屋デパートで多くの人々を魅了したような最高のコーヒーを再び淹れられるか、彼はひたすらブレンドの研究に没頭していった。

　理想のコーヒーづくりに明け暮れていた義武だったが、この年に胃潰瘍になった。体力が落ちると肺結核も併発した。翌年から松江の病院

**喫茶ヨシタケの外観**
浜田市紺屋町の佐野屋呉服店裏に開店した。（三浦由美子氏提供）

に入院。その後約七年間にわたって入退院を繰り返した。もちろん、のぼせ者の義武がおとなしく療養する筈はない。病室にポットを持ちこみ、起き上がってはコーヒーの配合の研究を続けた。病室代五〇〇〇円に対して電気代が月に五〇〇〇円もかかる有様だった。

当時、肺結核の治療方法の一つとして、肋骨の切除が行なわれていたが、「それでは体力がもたないだろう」という理由で手術ができなかった。ところが、自然に快癒してしまう。すると義武は「コーヒーを飲んだお蔭で治った」とうれしそうに周囲に話したという。

病気が治ると、戦前東京でしていたような自家焙煎をしたいと考えるようになった。そのためには、どうしても大型焙煎機が要るのだが資金が足りない。そこで、出資者を募って有限会社ヨシタケ珈琲商会を設立した。そして、以前から取り引きしていた神戸の上島珈琲を通して、高瀬製作所製の「LUCKY COFFEE MACHINE」という大型焙煎機を購入した。生豆も上島珈琲から仕入れた。焙煎機は道を挟んだ北側の小さな建物に据え付けられ、週二回のペースで焙煎した。昭和三二（一九五七）年一二月だった。

近くに住む松本時郎は、焙煎する時は朝から焙煎機の振動音が周辺に響き、煙と匂いがあたりに立ち込めたと話す。そして、こう付け足した。「東京の大学に進学して下宿で暮らしました。郷里からいろんな食べ物が送られてきましたが、その中には必ずヨシタケコーヒーが入っていました。友人が集まってきて美味い美味いと言って喜んでくれました。このコーヒーはどこのものよりも美味しかった」。

開店前のヨシタケの店内。カウンター前に立った義武は、直径三〇センチ・高さ五〇センチほどの金属製の筒の下に片手鍋を置く。筒の中には、端を木綿でしばった綾織の片毛ネル（二枚重ね）を入れ、そこに約二キロのコーヒー粉を入れ

**大型焙煎機と義武**
義武は上島珈琲を通して高瀬製作所製の「LUCKY COFFEE MACHINE」を購入した。（三浦由美子氏提供）

る。そこに水を少しずつ入れて二本の竹の箸で攪拌していく。まんべんなく水が浸み渡ったら、さらに二度・三度水を加える。そして仕上げにお湯を注いだ。こうして出来上がったものを注文の度に温めて提供した。

義武の淹れたコーヒーは、口に含むと喉から鼻に香りが抜け、濃厚な中に甘味が感じられた。最初に鍋の中に落ちてきたコーヒーは喉が焼けるほど濃いものだったが、義武はこれを冷やして、シロップをいれたものをカフェ・ラールとして客に出した。時にはこの味を求めて東京から訪ねて来る旧知の人もいた。

義武は自ら創り出したコーヒーに自信を深めた。そして、このコーヒーをヨーロッパに輸出したいと考えるようになった。

実は以前からコーヒーに関わるいろいろなものに工夫を凝らしていた。戦前にはコーヒーソーダをつくったり、コーヒーシロップ、コーヒーアイスクリームも開発したりした。一九五〇年代には、浜田の牛乳販売会社と一緒にコーヒー牛乳もつくった。かつて浜田の小学校の給食で出されたコーヒー牛乳に使われたコーヒーは、義武が焙煎したものだった。

## 5 司馬遼太郎との出会い

昭和三七（一九六二）年秋、長男浩が結婚した。彼は浜田中学校から京都大学文学部に進み、卒業後、昭和二八年に大阪の産経新聞社に入社したが、配属された文化部の上司が司馬遼太郎（福田定一）だった。浩は司馬の人間と文学を深く理解し、司馬も浩を信頼した。二人は終生厚い友情と信頼で結ばれた。

浩と由美子夫人の結婚式は諸谷の三浦家で行なわれ、司馬遼太郎夫妻が仲人を務めた。その時の様子は三浦浩『青春の司馬遼太郎』に詳しい。

**浩の結婚式の行なわれた三浦家**
中央奥が母屋。裏には雪舟作とされる庭があった。
（三浦由美子氏提供）

この年の秋、私は司馬さんご夫妻に仲人をたのみ、結婚した。司馬さんは仲人をしたことがない。固辞されたのだが、田舎の家でするなら、してやってもいい、ということで島根県の山奥での挙式になった。司馬さんは差し出した仲人料を受け取られなかった。それで、たしか昭和五年に石見史談会から刊行された浜田町史をお贈りした。これは、のちに「花神」の資料の一部になった。

式のとき、系図の写しが掛け軸になっているのに目を止めて、一カ所の誤記を、父に指摘された。父は、

「あんたはエライ。さすがだ」

と、すましていた。司馬さんと父とは、私の存在を抜きにして、これ以来、知己となった。

［三浦浩『青春の司馬遼太郎』、二〇〇〇年］

日本の近代軍制の創始者大村益次郎の生涯を描いた司馬遼太郎の『花神』には義武の祖父長兵衛が登場するが、そこに描かれている風貌や性格は義武をモデルにしたも

のと推量される。また、大麻山の戦いについての長兵衛の講釈には、義武に聞いた情報が多く入っていると思われる。大麻山の戦いの場面では、今はなき三浦家の屋敷についての描写もある。同様に、石見での戦いを終えて郷里の鋳銭司村に帰った村田蔵六（大村益次郎）が、妻のお琴に石見の印象を話すシーンでは、

「石州の天は、長州の天より青い」

「そんなに青うございましたか」

「海がまた群青そのままだな」

「では防長よりよい景色でございますか」

とお琴がいうと、蔵六は変に気むずかしい顔になり、

「石州など、防長の山河に及ぶものか」

と、いった。

まず山容が無愛想すぎる、といった。雑木ばかりでろくな山がないのは、あれは古来砂鉄を採りすぎたためであろう、といった。

［司馬遼太郎『花神』下巻、一九七六年］

と表現するが、この景観はまさに三浦家の近くにある大麻山の山頂から見た景観や室谷棚田を描写したものであり、義武の家に滞在した時の印象を司馬が描いたものと思われる。

　ともあれ、浩の結婚式が縁となり、義武と司馬遼太郎の交流が生まれた。

　この縁によって、昭和四〇（一九六五）年七月につくられた缶コーヒー販売のあいさつ文書に、司馬が義武をたたえる文章を記すようになった。また、平成元（一九八九）年に浜田城址に「浜田藩追懐の碑」が建立されたが、その際に司馬が碑文の揮毫を

**室谷棚田**
司馬遼太郎の『花神』で周辺の景観が紹介された。

引き受けたのも、三浦親子との深い縁によるものだった。

ところで、浩は京都大学在学中、高橋和巳や小松左京、北川荘平らと京大作家集団に所属していた。一九六〇年代、浩の友人小松左京が仕事を求めてしばしば上京し、東京郊外にある浩の家に泊まって出版社回りをしていた。同じ頃、義武も時折浩夫妻の元を訪ねて逗留した。二人は同じ部屋で就寝した。ある時、深夜に取っ組み合いの喧嘩になり、理由を聞くと、お互いに「いびきがうるさくて眠れない」と言い張り、それが喧嘩の原因だったという。義武は六〇歳を過ぎてなお、若者と取っ組み合える人だった。

# 6 缶コーヒー誕生

缶コーヒーマニアの間では、大阪の外山食品が昭和三三（一九五八）年一二月に発売したダイヤモンドコーヒーが世界初の缶コーヒーだと信じられてきた。元となったのは、平成元（一九九八）年に出版された『ザ・飲みモノ大百科』の記述だ。同書は様々な缶飲料について、膨大な資料を検索・編集し、さらに取材を重ねてその歴史をまとめた労作だ。著者の串間努に尋ねると、「図書館で『日本食糧新聞』の「新製品紹介」に書かれているものを探し、それを年代別に並べ替えたら、外山食品のものが一番最初になった」と教えられた。

たしかに、昭和三三（一九五八）年一二月二〇日付の『日本食糧新聞』紙面に「来年一月一四日に二〇〇グラム五〇円で出荷予定」とあった。ところが、実際に販売されたことを示す記事はその後の紙面には全く出て来ない。何らかの不具合が生じて発売されなかったと見られる。

翌年八月、明治製菓がコーヒードリンクスを関東地方で試験発売した。砂糖入りミルクなしで二〇〇グラム五〇円だった。ところが、ここでも不具合が生じ、すぐに発売が中止された。これについて、明治製菓の社史には何も書かれていない。明治製菓記念館にも資料はなかった。触れてはならない事情があったようだ。ダイヤモンドコーヒーとコーヒードリンクスでいったい何が起きたのだろうか。

相次ぐ不具合の原因を知る手がかりは『東京ノスタルジック喫茶店』にあった。同書には、後に東京の新橋駅前にパーラーキムラヤを開く和田精輔が、昭和三五（一九六〇）年に銀座松屋のコーヒースタンドで、コーヒーを缶詰めにして販売したが、数日で味が落ちた旨が記されている。

コーヒーの缶は鋼板にスズをメッキしたものが使われる。昭和三〇年代は技術が未熟なため、メッキにムラができてしばしば小さなピンホール（穴）が開いた。その結果、中身のコーヒーが鋼板を腐食させ、数日経つと濁って沈殿物が生じた。当然飲めるようなものではない。ダイヤモンドコーヒーとコーヒードリンクスは、いずれも缶の腐食という致命的な欠陥によって製品化に失敗したのだった。

ほぼ同じ頃、三浦義武は自ら考案した独特の濃厚コーヒーをヨーロッパに輸出する方法はないかとのぼせあがっていた。

昭和三八（一九六三）年、まずは瓶詰めコーヒーをつくった。だがこれだと重たくてかさばってしまう。悩んでいた時、浜田に数多くある魚の缶詰工場が、夏場は操業を休止することを思い出した。「そうだ、コーヒーを缶に入れよう」と思いつく。とはいえ、彼は製缶技術についでは全くの素人だ。地元の浜田缶詰に相談したところ、福

**新橋にあるパーラーキムラヤ**
この店を開いた和田精輔が、昭和35年にコーヒーの缶詰めをつくったが数日で味が落ちたという。

岡県の製缶メーカーを紹介してくれた。だが、その会社のメッキのやり方はドリップ方式と呼ばれる旧来のものだった。これではピンホールが生じてしまい、腐食を防ぐのは無理だ。そこで、電気メッキ法という新技術の開発を進めていた東洋製罐に協力を仰いだ。義武の一途な願いが職人かたぎの技術者の心を動かす。技術者は工夫を重ね、半年後には腐食しにくく穴の開かないスチール缶を開発してくれた。

　こうして缶が出来上がった。ところが別の問題が生じた。缶コーヒーとして販売するためには殺菌処理をしなければならないが、高温殺菌法だと風味が損なわれてしまう。浜田缶詰の技術者は「濃厚な缶コーヒーを輸出したい」という義武の願いを叶えるために懸命に努力し、低温殺菌によって店で飲むのとほとんど変わらぬ製品を完成させた。

　義武はすぐに売り出そうと考えたが、周囲の人々は、一、二年置いて品質が変化しないかどうかチェックしてから発売すべきだと説得した。万一、メッキに穴が開いたら何もかも台無しになってしまうのを心配したからだった。

　それから二年。缶を開けてみると濁りも無く味もほとんど変わっていなかった。「これなら大丈夫」と関係者は喜び、販売の準備を進めた。商品名は、「三浦（ミウラ）」

と「奇跡（ミラクル）」にかけて「ミラ・コーヒー」とした。

ところで、かつて浜田缶詰を経営していた森脇良孝の家に「ミラ・コーヒー」を入れていた段ボール箱が残っていた。そこには「〇に十」のマークと「5Ｅ－25　川崎ＫＫ」のマークが印刷され、「5Ｅ31　6」のゴム判があった。日本製缶協会に尋ねると、昭和四〇（一九六五）年五月二五日に東罐興業川崎工場が製造した箱に五月三一日浜田缶詰が製品を詰めたものだと教えてくれた。この段ボールは試作段階のミラ・コーヒー用のものだと判った。どうやら試飲用の缶コーヒーをあちこちに配っていたようだ。

七月になって缶コーヒー販売の準備が整った。七月二五日の『日本経済新聞』朝刊には、小島政二郎による「コーヒーメニア」という記事が大きく掲載され、新たに発売される缶コーヒーが紹介された。

三浦君の送って来たカン入りのコーヒーは、一ト月立っても、半年立っても、事実濁らない。沈殿しない。その点見事である。〔中略〕カン入りの三浦コーヒーを最近売り出すと言っている。彼が私の目の前で入れてくれるコーヒーと比べれ

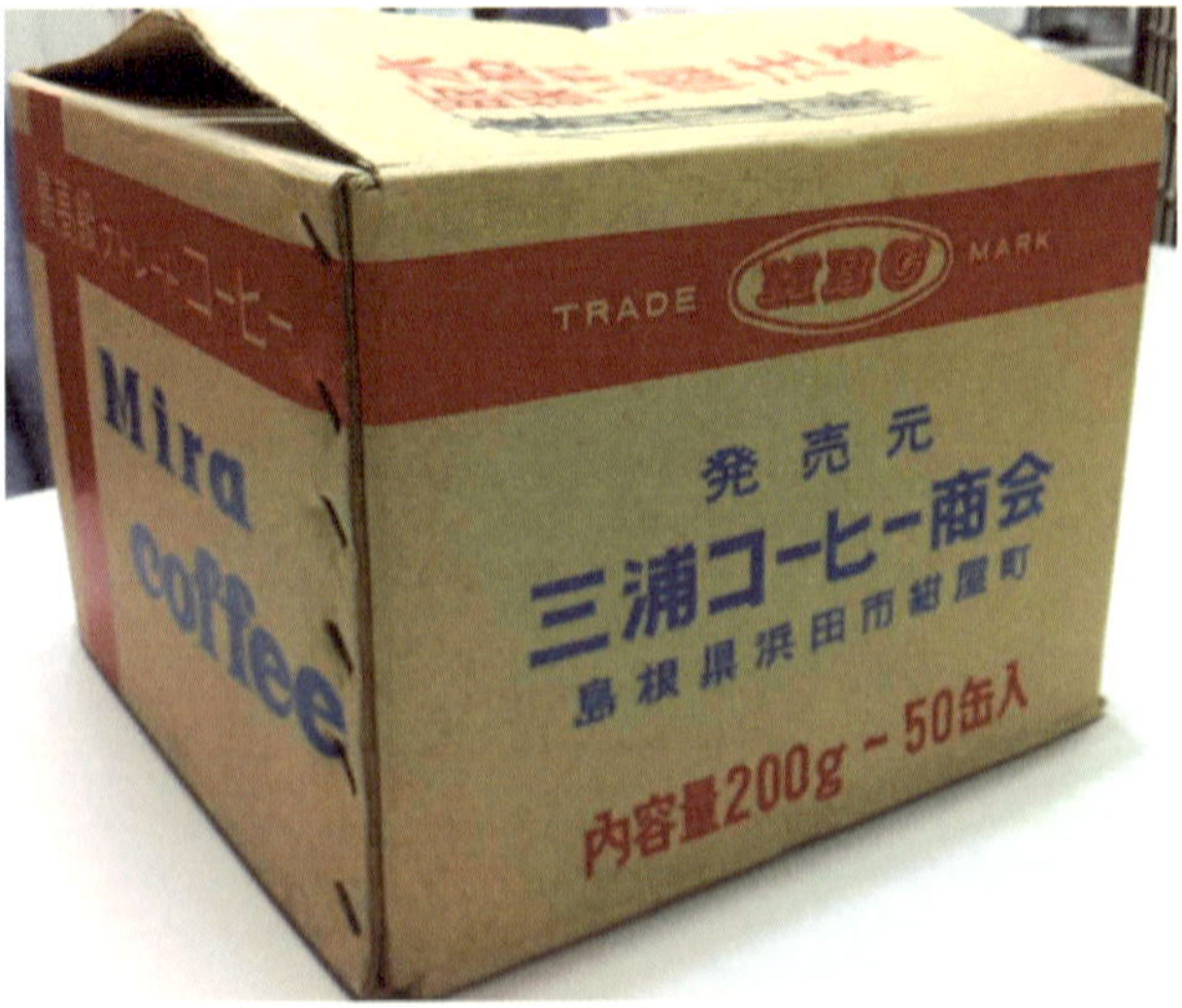


**試作品を入れた段ボール**

浜田缶詰を営んでいた森脇家に保管されていた。

**段ボールの裏に書かれた記号**

昭和40年5月25日に東罐興業川崎工場が製造したと判る。箱には「5E31 6」の判も押されていて、5月31日に製品を詰めたものだと判った。

ば、カン入りのコーヒーは敵ではない。しかし、世界中のどのインスタントに比べても、三浦のインスタント〔筆者註：缶コーヒー〕は本物の香と、甘味と、酸味と、苦味と、そうして美とを持っている。「とうとう君も長年の夢を完成したね」と私が言ったら、彼は「冗談じゃない」と不機嫌に長い眉を顰《しか》めた。

このように小島は義武の缶コーヒーを絶賛し、新製品の魅力を読者に強くアピールした。さらに販売に先立って缶コーヒー販売の案内状が関係者に送られた。

御案内
初秋の候皆様には御健勝のこととお慶び申し上げます
永い間、私の夢であったコーヒーのカン入り『ミラ・コーヒー』の企業化を実現、今回三越からデビューすることになりました。
就《つい》ては、来る九月一四日から日本橋三越で販売いたしますので、御試飲の上お買い上げ下さいます様お願い致します。〔後略〕

封筒には、「ミラ・コーヒーの特色」と「三浦義武の夢」（小島政二郎の前述新聞記事を転載）、それに司馬遼太郎の推薦文が同封された。司馬の推薦文は次の通り。

## 御案内

初秋の候皆様には御健勝のこと、お慶び申上げます
永い間、私の夢であつたコーヒーのカン入り『ミラ・コーヒー』の企業化を実現、今回三越からデビューすることになりました。
就ては、来る九月十四日から日本橋三越で販売いたしますので、御試飲の上お買上げ下さいます様お願い致します。
右御案内申上げます。

敬具

昭和四十年九月

三浦義武

~~よりの御都合により失礼乍ら御案内申しました~~　よろしくお願い申します
尚三越へお電話にて御注文戴きます場合は左の通りで御座います

東京都中央区日本橋室町一の七
三越
電話東京(二四一)三三一一番大代表
電話東京(二七〇)三一一一番大代表

**缶コーヒー発売あいさつ**
文章には製品化の喜びがあふれている。

三浦義武氏は、すでに昭和十年代にコーヒー通として巨名を得ている。その後、このふしぎな味覚の世界に憑かれ、歳月と精力をその研究ひとすじにそそいだ。

その研究歴の長さ、味覚の精妙さ、味覚の化学的把握のふかさという点で、どの国にもこれほどの人物はあるまい。

われわれは、絵画において富岡鉄斎、陶芸において柿右衛門を誇るがごとく、コーヒーにおいてかれを世界に誇っていいであろう。

［司馬遼太郎『司馬遼太郎が考えたこと（3）』、二〇〇五年］

昭和四〇（一九六五）年九月一四日、「ミラ・コーヒー」が日本橋三越本店で販売された。二〇〇グラム入り缶の砂糖入りコーヒーの販売価格は八〇円。売れ行きは上々で評判も良かった。そこで、翌年三月から関西の百貨店や国鉄の鉄道弘済会売店（後のキオスク）などを中心に本格的な販売が開始された。大阪朝日放送や山陰放送でのテレビ・ラジオのCMも始まった。たちまち製造が追いつかなくなるほど注文が殺到した。

缶コーヒー業界は、ブランドを消費者に認知して貰うために、特に広告・宣伝に力

**ミラ・コーヒー（複製）**
日本テレビ「午後は○○おもいッきりテレビ」提供。

を入れているが、「ミラ・コーヒー」販売に際してのテレビ・新聞などでの積極的な広告・広報戦略は、現在の缶コーヒー業界の戦略を予言するものだった。ただし、義武の場合は、意図して広報展開したのではない。友人・知人が彼のために次々に立ちあがり、すすんで協力した結果、このような広報活動ができたのだった。

「ミラ・コーヒー」のポスターには、「世界最高の味／ミラ・コーヒー／太陽の季節だ!!／グッと飲もう　ミラ・コーヒー

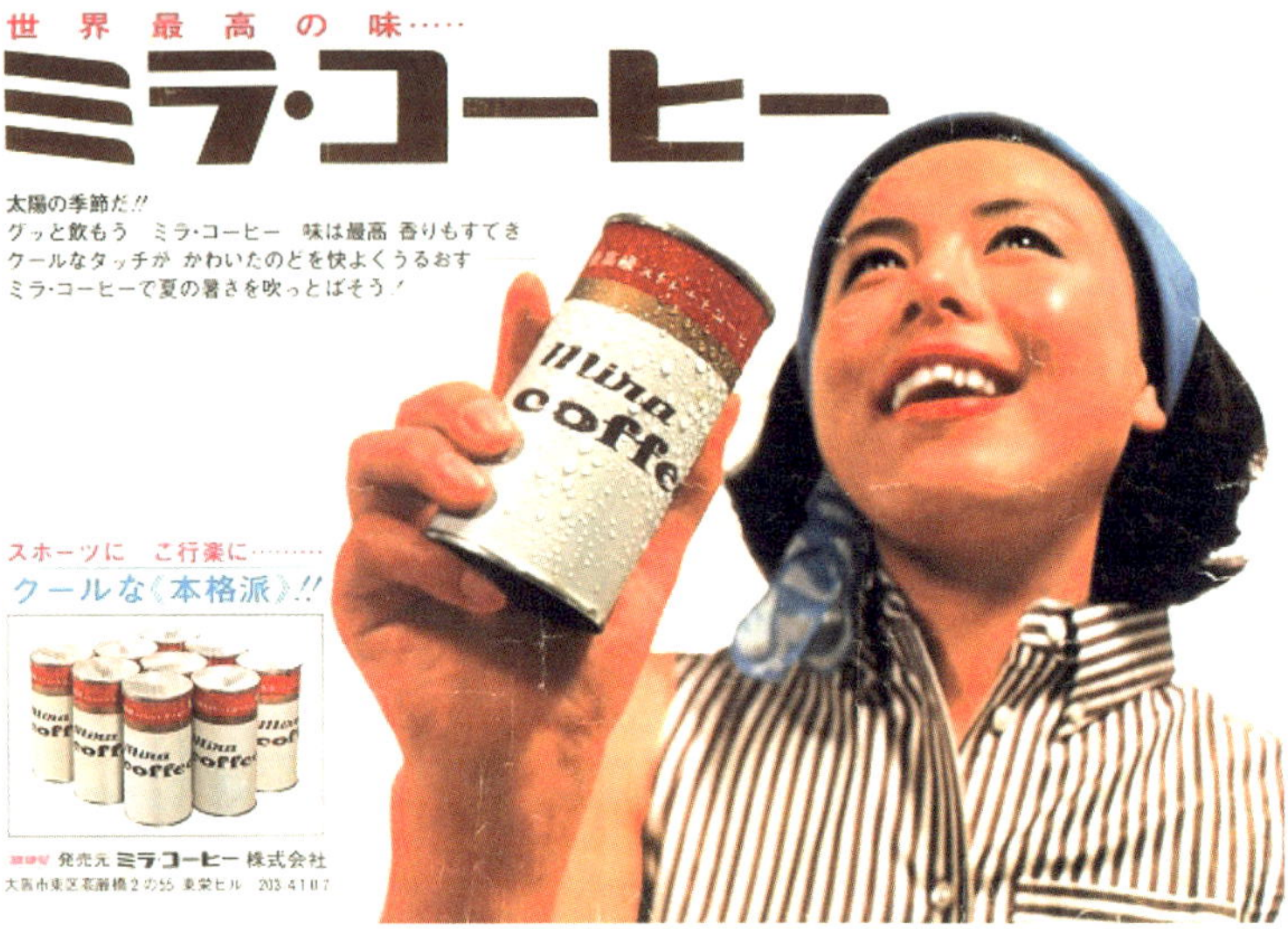


**ミラ・コーヒーのポスター**
昭和41年10月に作られたもの。（三浦由美子氏提供）

味は最高香りもすてき／クールなタッチが　かわいたのどを快くうるおす／ミラ・コーヒーで夏の暑さを吹っとばそう！」との文言が載った。
また、販売開始時の配布資料には、次のようなキャッチコピーが踊る。

仕事の疲れ、勉強に、行楽、スポーツに最適

一、コーヒー通の要求をみたし、だれでもテイコウを感じないで、一気にのめ、然《しか》もコーヒーのさわやかさが、何時までも残る様苦心しました。

一、冷、温いづれもお好みに合せて召上って下さい（あたためる場合は上蓋に穴をあけて湯煎にするか又は鍋に直接入れてあたためて下さい。容量は普通コーヒーカップ二杯分）

一、永年研究の結果完成したコーヒーの甘、酸、苦、力（コク）加うるに美（にごらない、沈殿しない）の揃った、ストレート・コーヒーです

ここには「ストレート・コーヒー」とあるが、ミルクが入らないという意味で使われたものだ。

缶コーヒーは、浜田缶詰が魚の缶詰製造を休む夏場だけつくられた。担当したのは、高校に通いながら喫茶ヨシタケで働いていた三

**三明深雪（左）と義武**
三明は高校に通いながら缶コーヒーに入れるコーヒーを抽出した。（三浦由美子氏提供）

**喫茶ヨシタケの店内**
中央が義武、右は浩。（三浦由美子氏提供）

明深雪だった。三明は週のうち三日間、店から数百メートル離れた浜田市錦町の作業場に立った。大きなネルの袋に入った二キロのコーヒー粉をかき回しながら時間をかけて濃厚なコーヒーをつくる。この作業を一日中繰り返した。

夕方、作業を終えた三明がぐったりして店に戻ると、義武が特製の濃厚コーヒーを飲ませてくれた。きりりと冷えた甘いコーヒーをたっぷりのホイップクリームが覆っている。「それがとても美味しかった」と三明は懐かしそうに話す。それは常連の客にも滅多に出さない、彼女を喜ばせたい一心で入れた至高のコーヒーだった。それを飲みながら、三明は「明日もがんばろう」と思ったという。

一〇月、関西に住む浜田出身の人たちが出資して大阪の高麗橋にミラ・コーヒー販売株式会社を設立。義武の依頼を受けた司馬遼太郎も出資して役員になった。その際、義武から贈られたミラ・コーヒーの味について、司馬夫人の福田みどりは「とにかく濃いコーヒーだったの。お手伝いさんの一人が風呂上がりにぐいっと飲んだら、その夜一睡もできなかったもの。私もうっかり飲んで、徹夜したこともある。司馬さん？あの人は慎重ですからね、口をつけたぐらいじゃないかしら」と述べている。

［「スエイシ君の人生修行」］

## 7 缶コーヒー事業からの撤退

世界初の缶コーヒー「ミラ・コーヒー」。義武は上島珈琲から現金払いで生豆を仕入れた。一方、缶コーヒーの販売は掛け売りだったため、代金の回収は数か月から半年後になった。集金に行くと店がなくなっていたり、経営者が代わっていることも少なくなかった。中には支払いに応じない業者もいた。

次第に未回収金が増えて資金繰りが苦しくなった。やむなく、現金で購入してくれる業者に、本来の卸値より安く販売して資金を調達した。これが「二重価格だ」と批判され、義武は窮地に立たされた。

同じ頃、缶コーヒーの地域販売権を主張して関西の卸売り業者同士が対立して裁判になった。浜田簡易裁判所での裁判で証言した三浦晴江は「誰が売っても構わない。美味いコーヒーを多くの人に飲んで貰えたらいいのだ」とする義武の意見を陳述した。同様の理由で缶コーヒー製造に関する特許や商標登録もとらなかった。

昭和四三（一九六八）年頃、ブラジル産コーヒー豆の価格が高騰し、仕入れ資金が不足した。そこで新たな出資者を募って窮状をしのごうと考えて周囲の人に相談した。

そんな時、産経新聞社の社内留学制度でイギリスのオックスフォード大学に留学していた浩が帰国する。そして、敬愛する司馬遼太郎もミラ・コーヒー販売株式会社に出資していたと知って驚愕した。これ以上出資者に迷惑をかけてはならないと考えた浩は、父親に事業を中止するように迫った。その一方で、大手食品会社やコーヒー輸入業者に

**店の前に立つ三浦晴江**
ご主人が義武の姪の子。昭和45年から53年まで義武の店で働いて義武を助けていた。（三浦晴江氏提供）

「事業を買い取って貰えないか」と打診して回ったが不調に終わった。こうして「ミラ・コーヒー」は約三年で市場から姿を消した。なお、「コーヒー飲料などの表示に関する公正競争規約」によると、缶コーヒーには、「コーヒー入り清涼飲料（一〇〇グラム中にコーヒー豆が一グラムから二・五グラム未満）」、「コーヒー飲料（一〇〇グラム中にコーヒー豆が二・五グラム以上五グラム未満）」、「コーヒー（五グラム以上）」の三種類あり、一〇〇グラム中に二〇グラムもの豆を使用した「ミラ・コーヒー」は「コーヒー」に相当する。

翌年四月、義武と長年取引をしていた上島珈琲が「コーヒーオリジナル」という缶入りのコーヒー乳飲料を発売し、その翌年に開かれた大阪万博で、炎天下に展示施設への入場待ちをする人たちが買い求めて大ヒットした。義武はどんな気持ちでこれを見ていただろうか、今となっては知る由もない。

# 8 晩年の三浦義武

ひたすら美味いコーヒーづくりを探求した義武。その気持ちを最も理解し、四〇年以上支え続けたのは妻の村だった。三明深雪は、「奥さんはとても優しい方でした。高校生だった私を親身になってお世話して下さいました。何から何まで教えていただき心から感謝しています」と話す。子どもの時に母親とともにヨシタケコーヒーを訪れた滝本洋子は「行商をしていた母親がコーヒー好きでした。ある時、自分の体についた魚の匂いを気にして店の前で入ろうかよそうか迷っていたら、義武さんの奥さまが「入りんさい、なあに魚の匂いなんかはコーヒーの香りで消えるんだから」と戸を開けて下さったんです。その時のおいしそうにコーヒーを飲む母の顔が今も忘れられません」と話す。

そんな優しい妻が昭和四七（一九七二）年五月三一日に逝去した。ところが、葬儀が済んでほどなくして義武は店を開けた。店の二階で寝起きしながら、それまでと同様にコーヒーを淹れ、やって来る客に提供した。客足が途絶えると椅子にもたれかかり、目を閉じて大好きなベートーベンのレコードを聴いていた。妻と二人で過ごした日々を振り返っていたのかもしれない。

昭和四九年、七四歳になった三浦義武は体調を崩して店の近くにある病院に入院した。しばらく療養に専念し、退院後は再び店のカウンターに立った。

昭和五一年頃、義武の強い希望によって「コーヒーを楽しむ会」が喫茶ヨシタケで開かれた。それは四〇年前に東京日本橋の白木屋デパートで開かれた「三浦義武の

**義武と村**
村は40年以上にわたって義武を支え続けた。
（三浦由美子氏提供）

コーヒーを楽しむ会」を一日だけ復活させたものだった。招待された常連客はサンドイッチをほおばりながら、義武が淹れた濃厚なコーヒーを堪能した。それを見る義武の脳裏には、親友の服部之総はじめ、山田耕筰、菊池寛、藤田嗣治ら知己の人々が恍惚とした表情で余韻を楽しむ姿が浮かんでいたに違いない。

その頃から義武は咳こんだり、胸の痛みを訴えるようになった。肺気腫だった。さらに昭和五三年一月に腰を骨折して浜田国立病院に入院したのを機に店を閉め、株式会社三浦珈琲商会も一一月一五日に解散した。その後は独り静かに過ごすようになった。

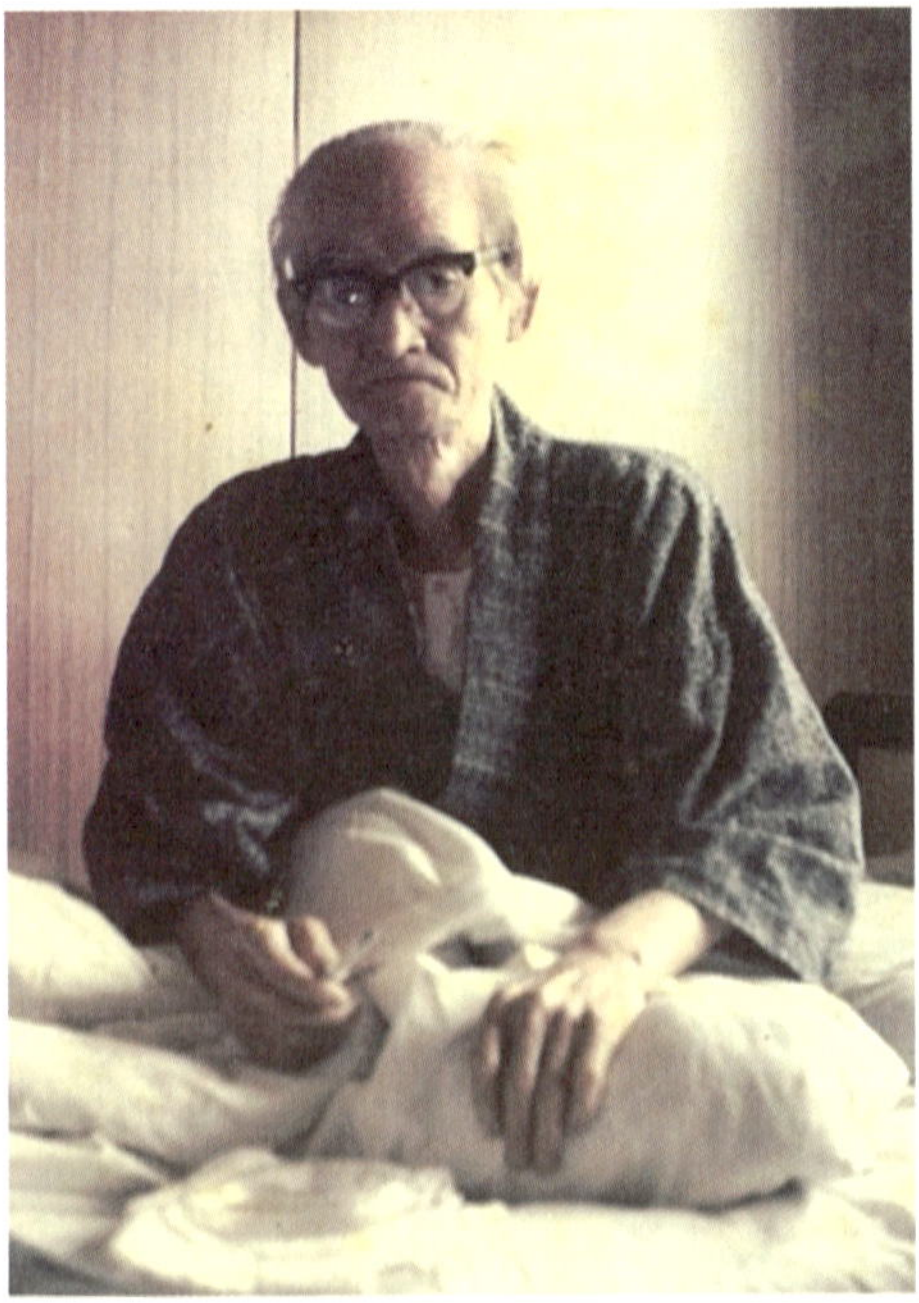

**晩年の義武**
昭和49年9月23日、体調を崩して店の近くの病院に入院した。（三浦晴江氏提供）

翌年一〇月、父親を心配する長男浩の説得に応じ、義武は東京の浩の家に移った。そして、昭和五五（一九八〇）年二月八日、波乱に満ちた八〇年の生涯を閉じた。

生家は取り壊され、草木と石垣だけが残る。裏山には三浦家の墓地があり、義武はそこに親や兄弟・妻とともに眠っている。その横には平成一〇（一九九八）年に亡くなった浩の墓が並ぶ。かつて司馬遼太郎は、『浜田城追懐の碑』に「いま、城あとは苔と草木と石垣のみである。それらに積もる風霜こそ、歴史の記念碑といっていい」と記したが、苔むした義武の墓に積もる風霜こそが、

**義武と村の墓**
浜田市三隅町井野の生家裏に二人の墓がある。

彼の波瀾に満ちた人生の記念碑そのもののように思われる。

東京の都営八王子霊園には浩夫妻が建てた義武の墓がある。二人はそこに、コーヒー豆をガラスの壺に入れて納めた。

浩の家の一室には義武の遺影が置かれ、コーヒーと大好きだった菓子パンがいつも供えられている。コーヒーをこよなく愛し、コーヒーに人生を捧げた途方もないコーヒーマニア、そんな義武の言葉を紹介したい。

> 私の一切の活動はコーヒーに発しています。そしてその情熱の底を流れるものは、愛であります。ことに智識は止むときあれど、愛は然《しか》らずです。
>
> 私は限りなく、コーヒーを愛します。そしてこの「愛するもの」について宣《の》べ伝へずして止むことが出来ません。
>
> 〔「コーヒーを楽しむ会」再開のあいさつ（昭和二一年）〕

# 9 コーヒーの薫る町を目指して

平成二七（二〇一五）年七月、浜田市はヨシタケコーヒー認証制度を始めた。他に類を見ない独自のコーヒーを創出した義武の精神と技術を正しく伝えようという意図によるものだった。対象は食品衛生法に基づく飲食店営業または喫茶店営業にかかわる店のうち、ヨシタケコーヒーを提供したいと希望する事業所とした。

浜田市が主催してヨシタケコーヒー認証講習会を開き、九名が座学と実習を受講し、後日行なわれた実技試験に合格した。市町村が実施するコーヒー店の認証制度は極めて珍しいという。また、翌年四月には「ヨシタケコーヒー」を商標登録した。

**ヨシタケコーヒーの公式ロゴマーク**
浜田市が作成し、いろいろな機会に使われている（浜田市提供）

世界初の缶コーヒー「ミラ・コーヒー」誕生から五〇年目を翌日に控えた平成二七年九月一三日、ヨシタケコーヒーの店舗跡に埋め込んだプレートがお披露目され、そこから約二〇〇メートル離れた紺屋町広場で顕彰碑除幕式が行なわれた。

ヨシタケコーヒーの店舗跡に埋められたプレート

除幕式に参列した三浦晴江（右から二人目）、三明深雪（右端）の両氏

自らが信じる道を歩み続け、感動とともに生きた三浦義武。その思いを次世代に伝えたいと願い、碑には司馬遼太郎の「われわれは、絵画において富岡鉄斎、陶芸において柿右衛門を誇るがごとく、コーヒーにおいてかれを世界に誇っていいであろう」という文章が刻まれている。建立にかかった七〇万円は市民の浄財だった。

除幕式の前日には、島根県立大学浜田キャンパスにおいて「浜田でコーヒーを楽しむ会」が開催され、各地から集まった一六〇名余が濃厚なコーヒーを味わった。この時コーヒーを淹れたのは認証試験に合格したばかりのメンバーだった。

九名の所属する店舗は、「ヨシタケコーヒー認証事業所」として一二月頃から濃厚なヨシタケコーヒーを提供し始めるとともに「ヨシタケコーヒー友の会」をつくり、

ヨシタケコーヒーを淹れる

**イベントでヨシタケコーヒーを提供する友の会メンバー**
クルーズ船が浜田に入るとコーヒーをふるまっている。（大江正氏提供）

各地のイベント会場でコーヒーのPR活動を続けている。

　その後、飲食業に従事していない市民から、自分でもこの方法を試してみたいと希望する声が挙がり始めた。その要望に応えて、平成二九年二月一二日、浜田市内で「ヨシタケコーヒー体験講座」を開き、一六名が独特のネルドリップでの抽出を愉しんだ。今後、家庭でヨシタケコーヒーを気軽に楽しんで貰えるようになったらどれだけ素敵だろう。

　ところで、ヨシタケコーヒーはサードウェーブ系のコーヒーやコンビニのコーヒーとどのような味の違いがあるのだろうか。浜田市はその違いを誰にも判るようにできないかと考えた。そして、平成二九年春に東京の味香り戦略研究所に委託して、ヨシタケコーヒーの抽出サンプルと国内の主要チェーン、コンビニのレギュラーコーヒーの味を比較した。その結果、ヨシタケコーヒーは、コクが際だち、濃厚なのに後味がすっきりしているという結果が出た。こうして、ヨシタケコーヒーの独自性が科学的にも確認された。なお、この時は分析対象ではなかったが、香りの高さがヨシタケコーヒーの大きな特徴であることは間違いない。

ところで、現在浜田の四事業所では、義武が遺した配合と焙煎度合を示したレシピに基づいて、浜田市内のコーヒー焙煎店ナマケモノ珈琲が製造したものを抽出して提供している。レシピは他にも複数あり、他の配合についても研究をすすめると共に、各店でそれぞれ自家焙煎し、新鮮な豆を丁寧に挽き、それをネルで抽出すれば、ヨシタケコーヒーは多彩な味を持つようになるだろう。それは義武の思いを世界中に伝えることである。

東京都港区南青山にジェントルビリーフという名店がある。ここでは客の求めに応じて小型焙煎機のディスカバリーで少量の豆を焙煎して提供している。この店のようにすれば、ヨシタケコーヒーはさらに輝きを増していくと思われる。

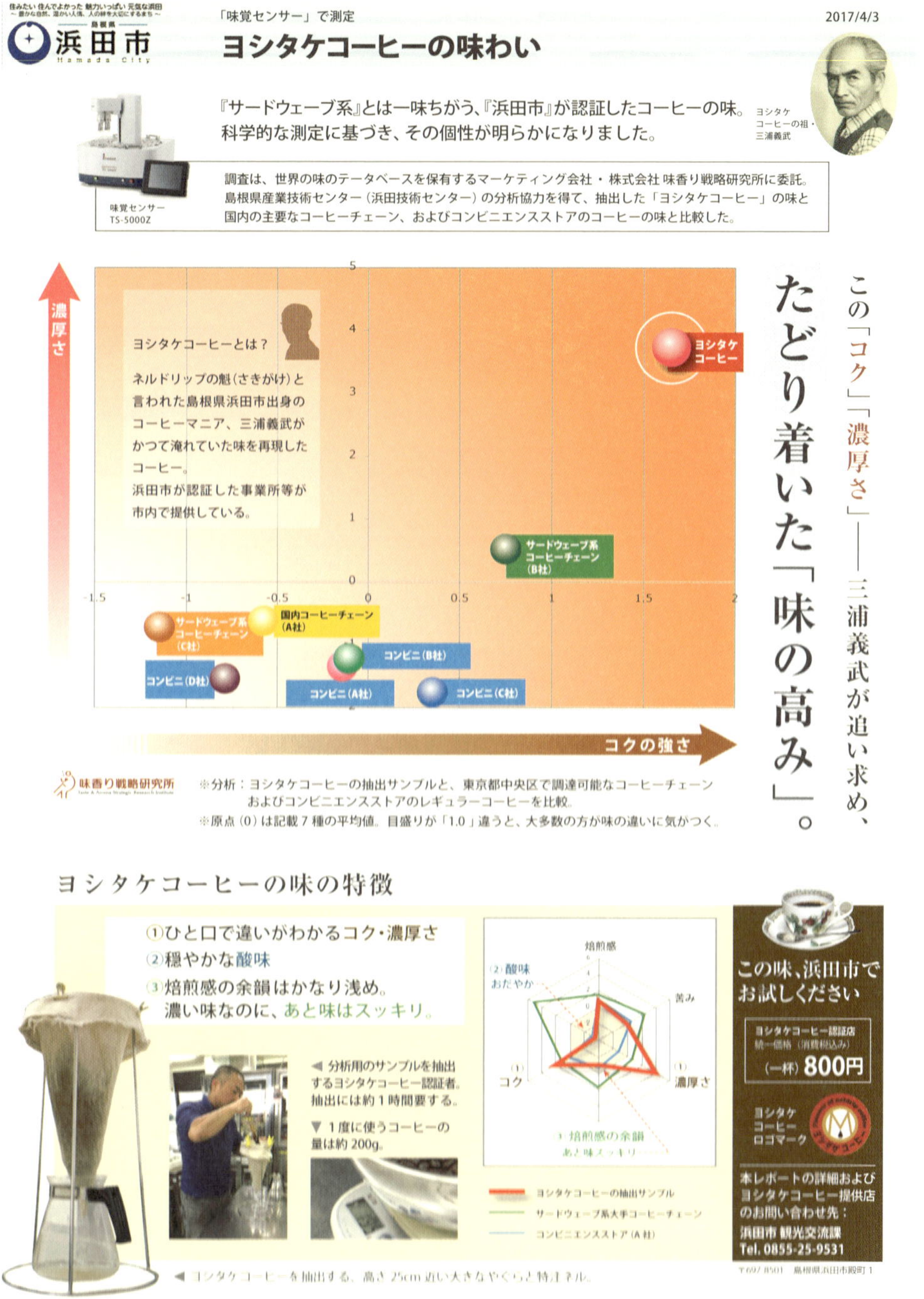

住みたい 住んでよかった 魅力いっぱい 元気な浜田
〜 豊かな自然、温かい人情、人の絆を大切にするまち 〜
島根県
浜田市
Hamada City

「味覚センサー」で測定

2017/4/3

# ヨシタケコーヒーの味わい

『サードウェーブ系』とは一味ちがう、『浜田市』が認証したコーヒーの味。
科学的な測定に基づき、その個性が明らかになりました。

ヨシタケコーヒーの祖・三浦義武

味覚センサー
TS-5000Z

調査は、世界の味のテータベースを保有するマーケティング会社・株式会社 味香り戦略研究所に委託。島根県産業技術センター（浜田技術センター）の分析協力を得て、抽出した「ヨシタケコーヒー」の味と国内の主要なコーヒーチェーン、およびコンビニエンスストアのコーヒーの味と比較した。



ヨシタケコーヒーとは？

ネルドリップの魁（さきがけ）と言われた島根県浜田市出身のコーヒーマニア、三浦義武がかつて淹れていた味を再現したコーヒー。
浜田市が認証した事業所等が市内で提供している。

この「コク」「濃厚さ」――三浦義武が追い求め、たどり着いた「味の高み」。

味香り戦略研究所

※分析：ヨシタケコーヒーの抽出サンプルと、東京都中央区で調達可能なコーヒーチェーンおよびコンビニエンスストアのレギュラーコーヒーを比較。
※原点（0）は記載 7 種の平均値。目盛りが「1.0」違うと、大多数の方が味の違いに気がつく。

## ヨシタケコーヒーの味の特徴

①ひと口で違いがわかるコク・濃厚さ
②穏やかな酸味
③焙煎感の余韻はかなり浅め。濃い味なのに、あと味はスッキリ。

◀ 分析用のサンプルを抽出するヨシタケコーヒー認証者。抽出には約 1 時間要する。
▼ 1 度に使うコーヒーの量は約 200g。



この味、浜田市でお試しください

ヨシタケコーヒー認証店
統一価格（消費税込み）
（一杯）800円

ヨシタケコーヒーロゴマーク

本レポートの詳細およびヨシタケコーヒー提供店のお問い合わせ先：
浜田市 観光交流課
Tel. 0855-25-9531

〒697-8501　島根県浜田市殿町 1

◀ ヨシタケコーヒーを抽出する、高さ 25cm 近い大きなやぐらと特注ネル。

**味の比較**　浜田市提供の資料に修正を加えた。

**ジェントルビリーフ**
客の求めに応じて少量の豆を提供している。

**三浦義武顕彰碑**
顕彰碑は地元の方が清拭し、周辺では子どもたちが遊んでいる。

浜田を訪れるたびに紺屋町広場の三浦義武の顕彰碑を訪ねる。記念碑はいつもピカピカに輝いている。近所に住む女性がいつも拭いて下さっているのだと聞いて胸が熱くなった。その優しさは、きっと周りで遊ぶ子どもたちにも伝わるに違いない。このような素敵な人が住む町がコーヒーの薫る町になるようにと願ってやまない。

## 引用・参考文献

三浦義武「コーヒーの話」（『中外財界』一九三六年一二月号）七九〇～七九一頁
小島政二郎『食いしん坊』（文藝春秋新社、一九五四年）
井上誠『珈琲物語』（自治日報社出版局、一九六一年）
『毎日新聞』一九六六年二月一三日（島根版）記事
司馬遼太郎『花神』下巻（新潮文庫、一九七六年）
服部之総『服部之総全集』二四巻／句稿・草稿（福村出版、一九七六年）
全日本コーヒー商工組合連合会『日本コーヒー史』上巻（全日本コーヒー商工組合連合会、一九八〇年）
朝日新聞社編『司馬遼太郎の遺産「街道をゆく」』（朝日新聞社、一九九六年）
串間努・久須美雅士『ザ・飲みモノ大百科』（扶桑社、一九九八年）
三浦浩『司馬遼太郎とそのヒーロー』（大村書店、一九九八年）
三浦浩『青春の司馬遼太郎』（朝日文庫、二〇〇〇年）
司馬遼太郎「ある結婚式」（『司馬遼太郎が考えたこと（2）』（新潮社、二〇〇一年）
森光宗男「ネル・ドリップ珈琲の魁　三浦義武を追って」（『コーヒー文化研究』9、二〇〇二年）
森光宗男「ネル・ドリップ珈琲を極めた男　三浦義武」（『モンタン』一〇月号、二〇〇二年）

司馬遼太郎『司馬遼太郎が考えたこと（3）』（新潮文庫、二〇〇四年）
福田みどり『司馬さんは夢の中』（中央公論新社、二〇〇四年）
さだまさし『もう愛の唄なんて詠えない』（ダイヤモンド社、二〇〇七年）
塩沢槙『東京ノスタルジック喫茶店』（河出書房新社、二〇〇九年）
「スエイシ君の人生修行」（http://ameblo.jp/realinfo/）二〇一〇年九月一三日の文章
神英雄「缶コーヒー誕生」（『のんびり雲』6、二〇一二年）
神英雄「三浦義武――コーヒーに人生を捧げた石見人――」（『コーヒー文化研究』19、二〇一二年）
神英雄『妙好人と石見人の生き方』（自照社出版、二〇一三年）
中根光敏『珈琲飲み――「コーヒー文化」私論』（洛北出版、二〇一四年）

# 第2章　三浦義武「コーヒーの話」原稿

三浦義武は昭和一〇（一九三五）年から一二年までの二年間、立て続けにコーヒーについての文章を発表した。

1　「三浦義武　コーヒーを楽しむ会」　あいさつ（リーフレット）［昭和十（一九三五）年十二月］

2　（初公開）ラジオ放送「趣味講座コーヒーの話原稿［昭和十一（一九三六）年五月十一日放送原稿］

3　「コーヒーの話」［『中外財界』（昭和十一年十二月号）七九〇～七九一頁］

4　「コーヒーを楽しむ会」　再開のあいさつ（リーフレット）［昭和十二（一九三七）年春］

このほか、一九六〇年代には千趣会のカタログにコーヒーの話を連載した。また、「魂の出会い」（『浜田の栄光俵国一』、一九六六年）を寄稿した。彼のコーヒーへの思いを正しく伝えるべく１～４の文章を紹介したい。なおラジオの放送原稿は初公開である。

今回の翻刻に際して、歴史的仮名遣いを現代表記に改めるとともに明らかに誤字と思われるものを直した。なお、一部に誤認と思われる表記や差別的表現と思われるものあるが、時代背景を考慮してそのままにした。

## 1 「三浦義武 コーヒーを楽しむ会」あいさつ

私は学生時代からコーヒーに耽溺しましたが、一般市場に売っているコーヒーではどうしても満足出来ませんでした。それで研究に研究を重ね他人の知らぬコーヒーの味を自分で創り出して色々とのんで見る事が何時の間にか私の趣味となっていました。

その研究の結果として実に多種多様のコーヒーの味を見出しました。その最大限にコーヒーの醍醐味を採摘する事に成功したものを、「カフェ・ラール」と名付けましたが、その他いろいろの優れたブレンドや、ローカルカラーの豊かな各産地のコーヒーの味を広く愛飲家にお知らせし度《た》いと思い今回先輩諸賢並びに白木屋のお勧めと御援助に依り「三浦義武のコーヒーを楽しむ会」を創める事に致しました。何卒御高評と御援助の程御願いする次第であります。

（昭和十（一九三五）年十二月）

## 2　ラジオ放送「趣味講座コーヒーの話」原稿

《凡例》

この原稿は四〇〇字詰め原稿用紙一七枚に書かれている。表紙に「放送原稿」と「昭和十一年五月十一日」とあり、二頁目に「コーヒーの話」の題がつき、その後に放送原稿が続く。文章には書き込みや墨跡が多く見られるが、完成稿を掲載する。

## 2　ラジオ放送「趣味講座コーヒーの話」原稿

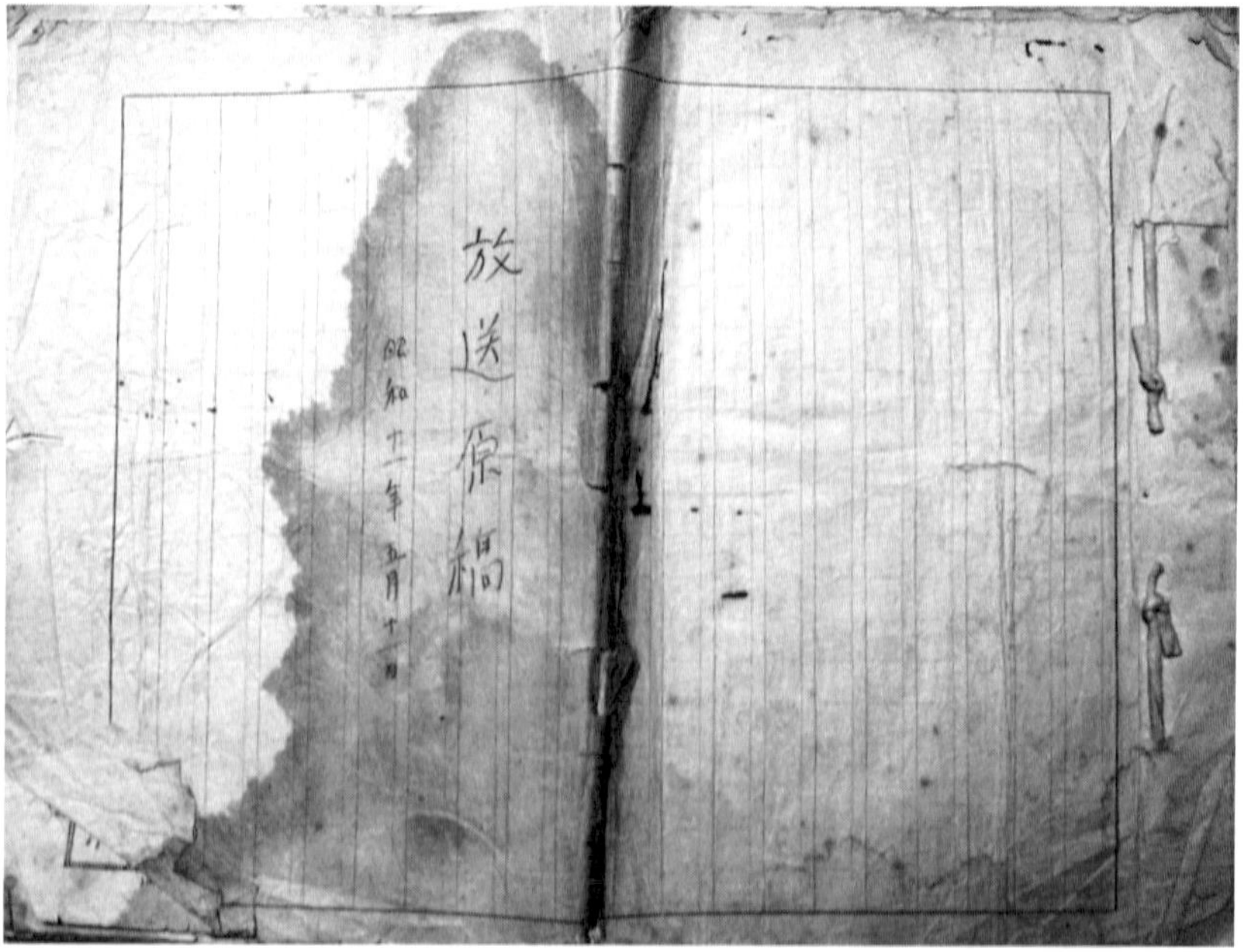

## コーヒーの話

現在嗜好飲料として世界の人に最も広く喜ばれているものはコーヒーであろうと思います。

コーヒーは一千年も前にアビシニアで発見せられました。つまりエチオピアで発見せられたのでございます。その発見につきましては色々の話が伝えられております。

ここでちょっとコーヒーはどんな木でどんな所で出来るかと言う事をお話致しましょう。

コーヒーの木は、熱帯の高地で雨の沢山降る所でございましたらどこででも成育するものでございますが、海抜二千尺から六千尺の高地が最もよいとされております。産地によりまして多少の違いはございますが、大体について申しますと、十尺から二十尺の高さの常緑の灌木でございまして、白または漆紅色の小さい花が咲きます。その実はサクランボ位の大きさの物が皆さまがよくご存じのアオキの実のように沢山一つの場所に固まって実りまして、その一つの実の中に一つまたは二つまたは三つの種が入っております。この種がすなわち一般に申しますコーヒー豆でございます。こ

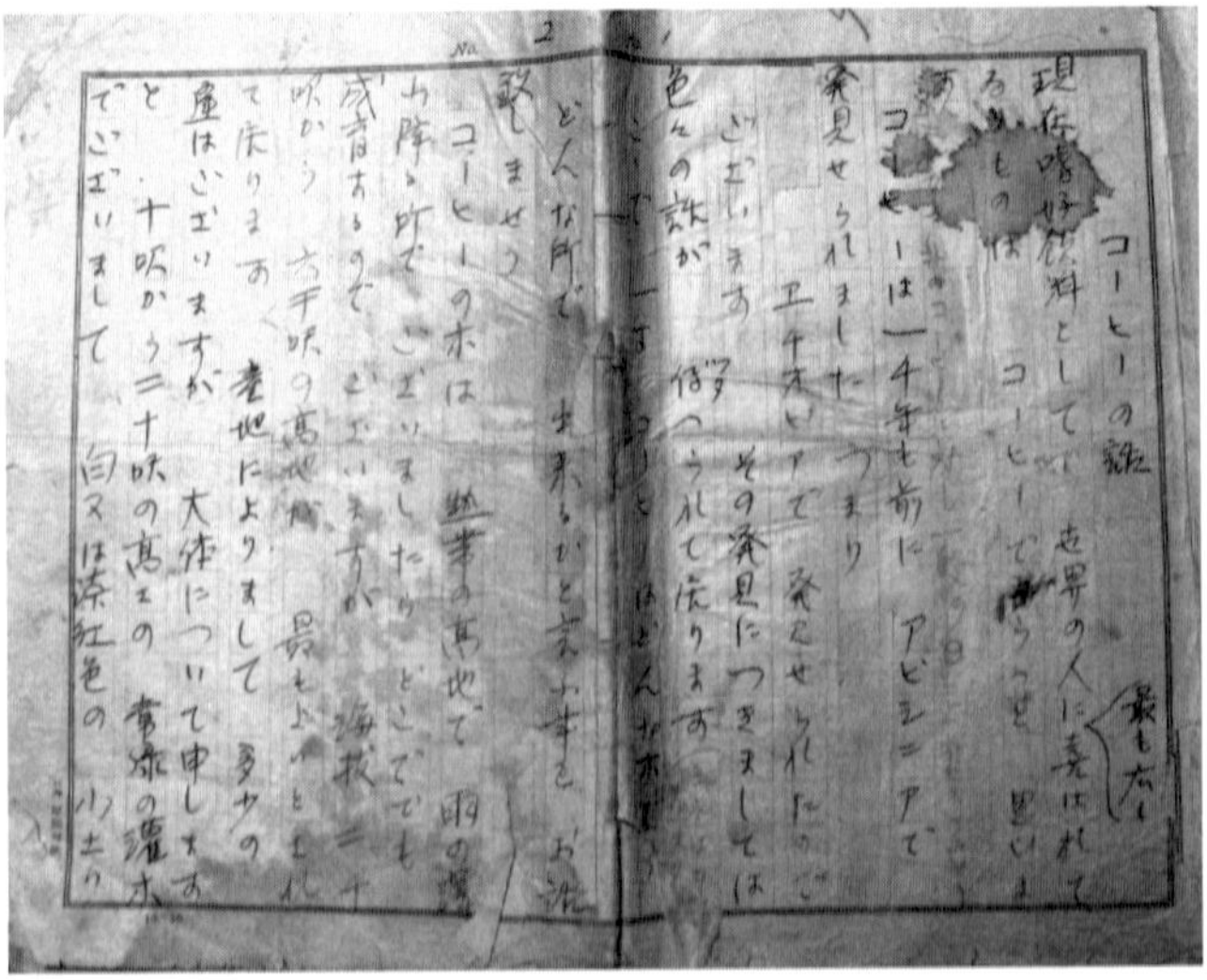

No. 1

コーヒーの話

現在嗜好飲料として　最も広く世界の人に喜ばれて
あるものは　コーヒーであろうと思います
コーヒーは一千年も前に　アビシニアで
発見せられました　つまり
エチオピアで発見せられたのでございます
ございます　その発見につきましては
色々の説が　伝へられて居ります

No. 2

どんな所で生まれるかと云ふ事をお話
致しませう
コーヒーの木は　熱帯の高地で　雨の適当に
降る所でございましたら　どこででも
成育するのでございますが　海抜二千
呎から六千呎の高地が　最もよいとされ
て居ります　産地によりまして　多少の
違はございますが　大体について申します
と　十呎から二十呎の高さの　常緑の灌木
でございまして　白又は淡紅色の　小さな

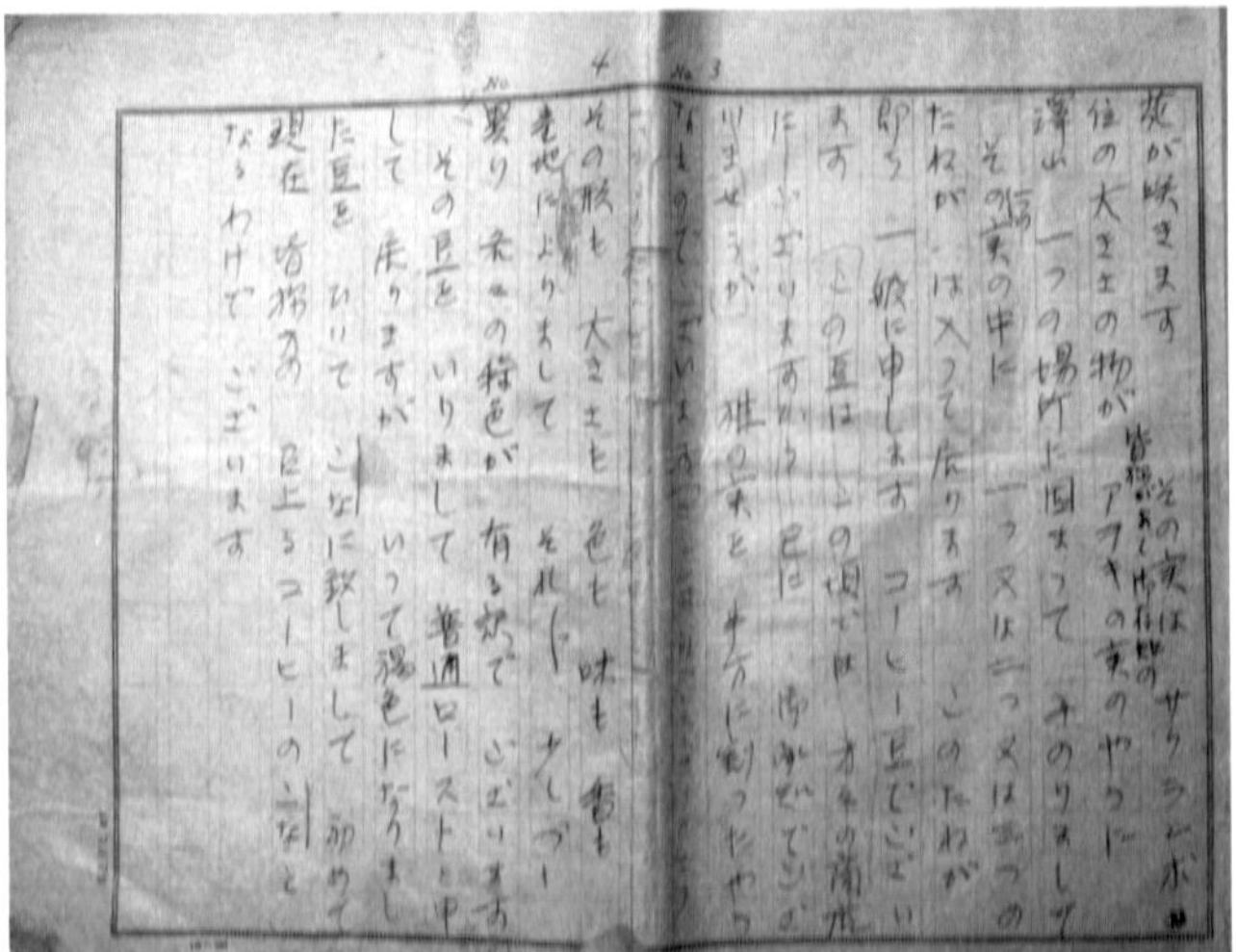

No. 3

花が咲きます　その実はサクランボ
位の大きさの物が　皆様よく御存知の　アズキの実のやうに
沢山一つの場所に固まってみのりまして
その実の中に　一つ又は二つの
たねが入って居ります　このたねが
即ち一般に申します　コーヒー豆でございます

No. 4

その形も　大きさも　色も　味も　香も
産地によりまして　それぞれ少しづつ
異り　夫々の特色が　有る訳でございます
その豆をいりまして　普通ロースト申
して居りますが　いって褐色になりまし
た豆を　ひいて　こなに致しまして　初めて
現在皆様方の　召上るコーヒーの粉と
なるわけでございます

の豆はこの頃では方々の商店にございますから、すでにご承知でございましょうが、椎の実を半分に割ったようなものでございます。その形も大きさも色も味も香も産地によりましてそれぞれ少しずつ異なり、各々の特色が有る訳でございます。その豆を煎りまして普通ローストともうしておりますが、煎って褐色になりました豆を挽いて粉に致しまして初めて現在皆様の召し上がるコーヒーの粉となるわけでございます。

次にコーヒー発達の歴史を簡単にお話し致しましょう。

先ほど申しましたように、千年前にアビシニアでコーヒーが発見されました頃には、コーヒーの実を種と一緒にそのまま食物として食べたのでございました。

アフリカの土人は戦に行く時にコーヒーの実をくだいて脂肪で固めたものを食料として持っていったということでございます。つまり我が国のおにぎりのような物でございまして、その一個で充分一日の食べ物となったのでございます。その頃のコーヒーは食べ物であり、また水菓子でございました。コーヒーの実はさくらんぼのようで、種を取り巻いた果物の実は風味がよくて美味しいので土人は熟したコーヒーの実を喜んで食べたのでございます。

次に薬になり、また葡萄酒の代用品になりました。すなわち初代の回教徒は葡萄酒

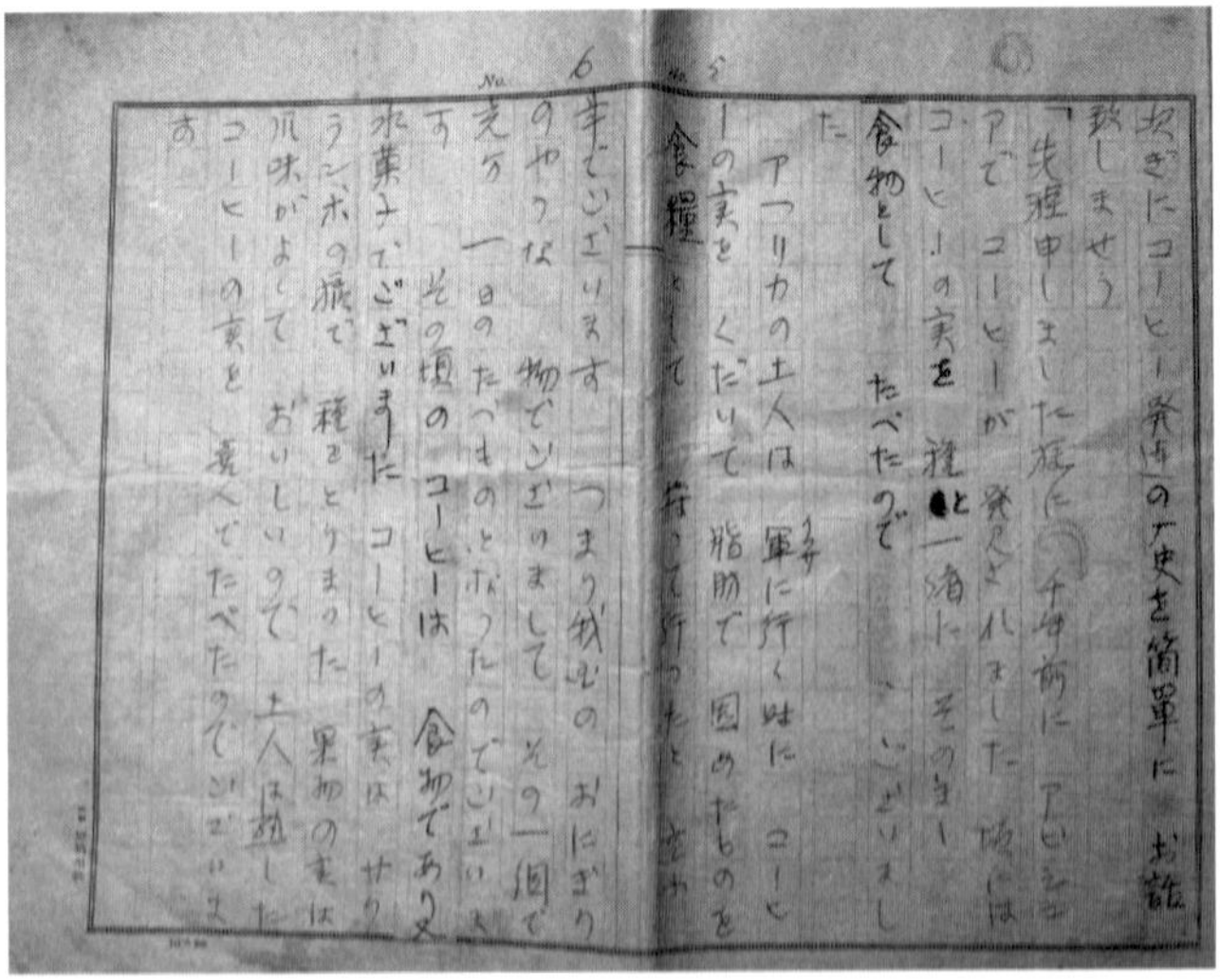

No 5

次ぎにコーヒー発達の歴史を簡単にお話
致しませう
「先程申しました様に千年前にアビシニ
アでコーヒーが発見されました頃には
コーヒーの実を種と一緒にそのまゝ
食物としてたべたのでございまし
た
アフリカの土人は戦争に行く時にコーヒ
ーの実をくだいて脂肪で固めたものを
食糧として持って行ったと云わ

No 6

事でございます　つまり我国のおにぎり
のやうな物でございまして　その一個で
丸一日のたべものとなったのでございま
す　その頃のコーヒーは食物であり又
水菓子でございました　コーヒーの実はサク
ランボの様で　種をとりまいた果物の実は
風味がよくておいしいので　土人は熟した
コーヒーの実を選んでたべたのでございま
す

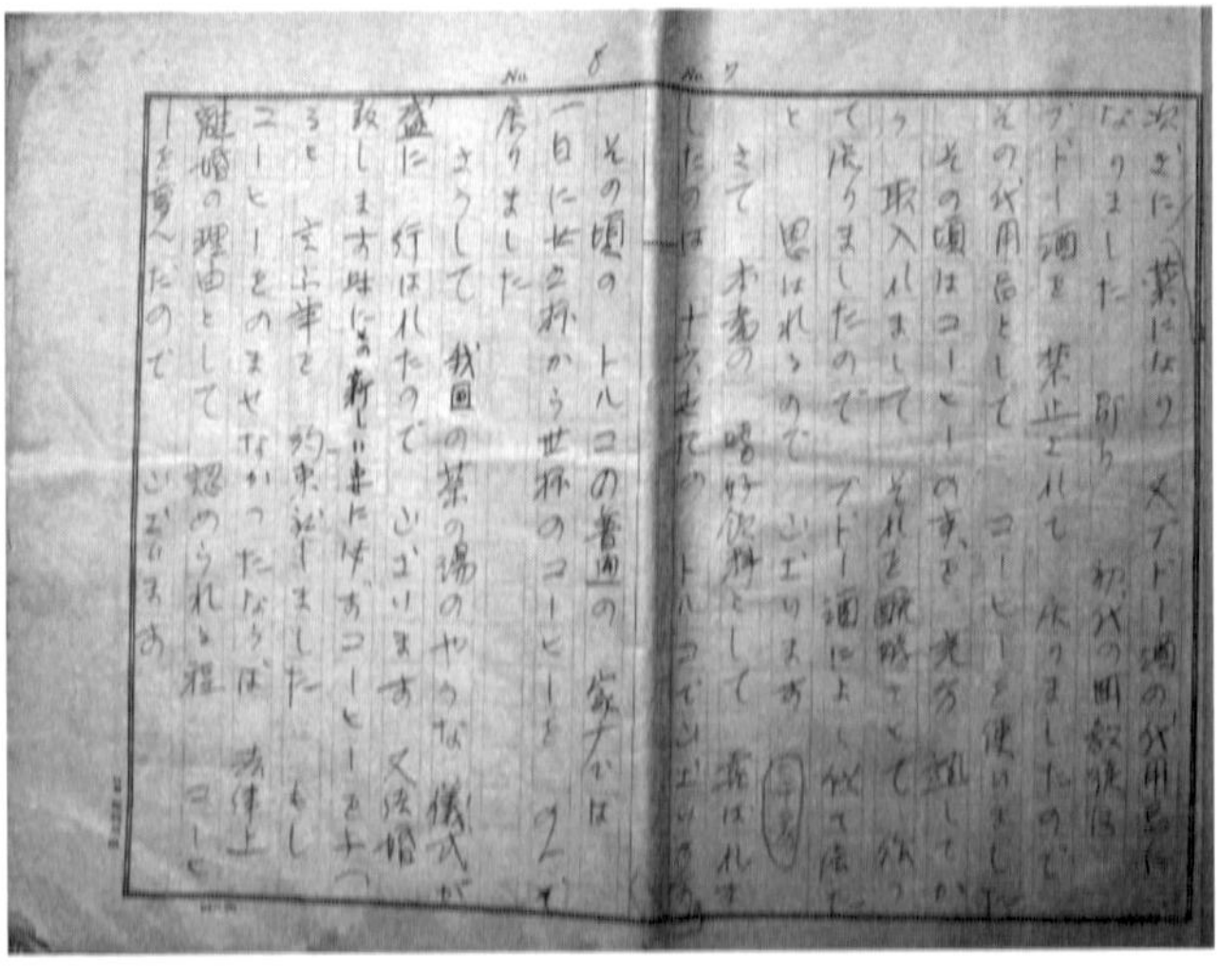

No 7

次ぎに薬になり　又ブドー酒の代用品に
なりました　即ち　初代の回教徒は
ブドー酒を禁止されて　困りましたので
その代用品として　コーヒーを使いまし
その頃はコーヒーの事を　充分熟してか
ら取入れまして　それを醗酵させて飲っ
て居りましたので　ブドー酒によく似て居た
と　思はれるのでございます
さて　本当の嗜好飲料として　認められ
したのは　十六世紀のトルコでございます

No 8

その頃の　トルコの普通の　家庭では
一日に七乃至十杯から廿杯のコーヒーを飲んで
居りました
さうして　我国の茶の湯のやうな儀式が
盛に行はれたので　ございます　又結婚
致します時に新しい妻に対すコーヒーを十分
ると云ふ事を約束致しました　もし
コーヒーをのませなかったならば　法律上
離婚の理由として認められる程コーヒ
ーを尊んだので　ございます

を禁止されておりましたので、その代用品としてコーヒーを使いました。その頃はコーヒーの実を充分熟してから穫り入れまして、それを発酵させて作っておりましたので、葡萄酒によく似ていたと思われるのでございます。

さて、本当の嗜好飲料として喜ばれましたのは、十六世紀のトルコでございます。その頃のトルコの普通の家庭では、一日に二十五杯から三十杯のコーヒーを飲んでおりました。

そうして、我が国の茶の湯のような儀式が盛んに行われたのでございます。また結婚致します時にその新しい妻に必ずコーヒーを与えるということを約束致しました。もしコーヒーを飲ませなかったならば、法律上離婚の理由として認められる程コーヒーを尊んだのでございます。このようにコーヒーがトルコで愛飲されましてから二、三世紀の間に欧州全土に広まりました。その二、三世紀の間にイタリアでは人々があまりコーヒーに耽溺しましたので、教会生活を乱すというので、法王から迫害を受けたこともございますし、またドイツでも外国のコーヒー商人に沢山の金が払われるのを嫌いまして、フレデリック大王から止められたこともございます。イギリスでもフランスでも同じように色々の迫害を受けましたが、コーヒーの魅力はそのような

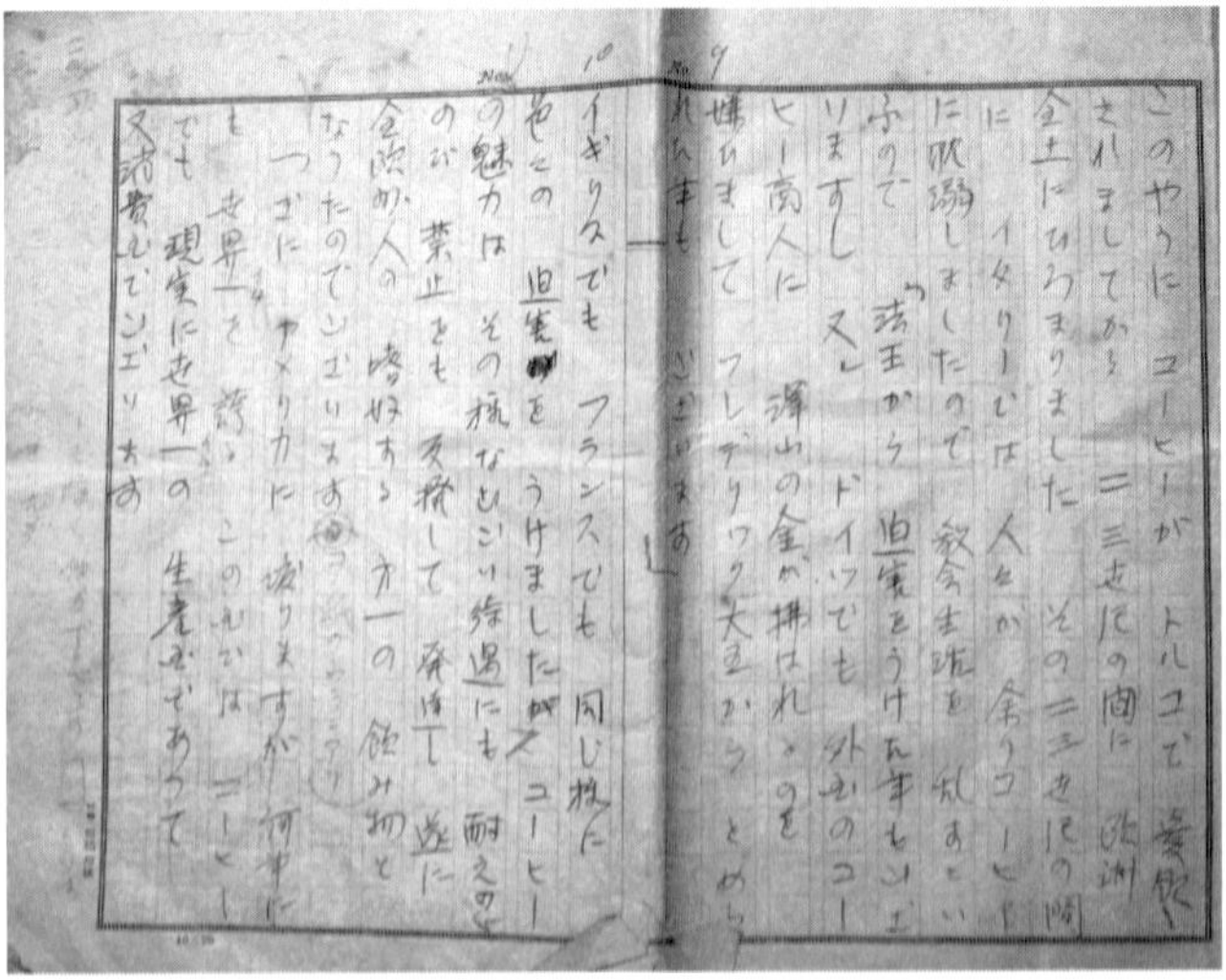

No. 9

このやうにコーヒーがトルコで愛飲されましてから 二三世紀の間に欧洲全土にひろまりました その二三世紀の間に イタリーでは 人々がコーヒーに耽溺しましたので 教会生活を乱すといふので 法王から 迫害をうけた事もございますし 又 ドイツでも 外国のコーヒー商人に 鉱山の金が 払はれるのを 嫌ひまして フレデリック大王から とめられた事もございます

No. 10

イギリスでも フランスでも 同じ様に 色々の 迫害を うけましたが コーヒーの魅力は その様なひどい待遇にも 耐へるもので 禁止をも 反撥して 遂に 全欧州人の 嗜好する 第一の 飲み物と なったのでございます つぎに アメリカに 渡りますが 何事にも 世界一を 誇る この国では コーヒーでも 現実に世界一の 生産国であって 又消費国でございます

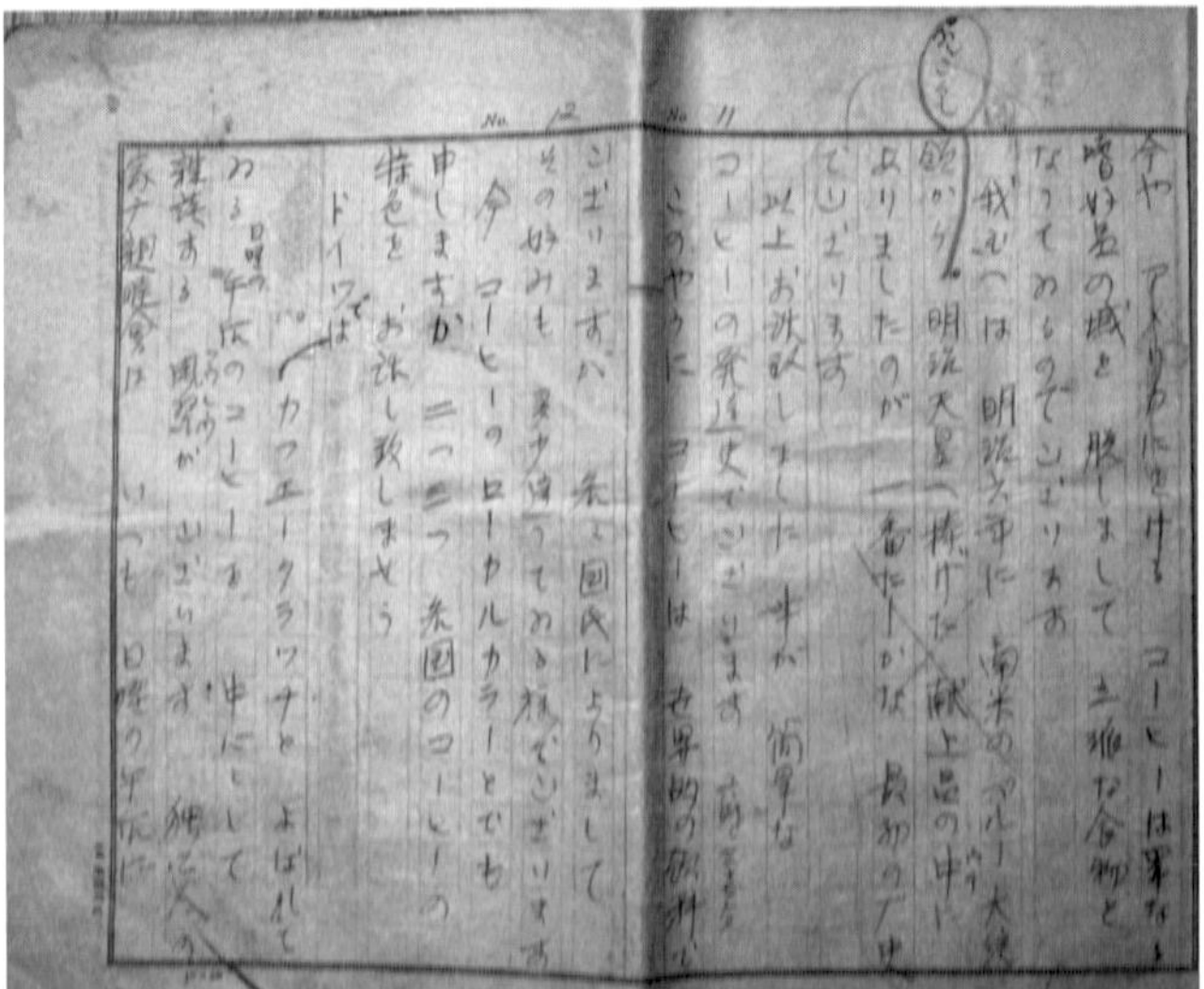

No. 11

今や アメリカにおけるコーヒーは 單なる 嗜好品の域を 脱しまして 主要な食物と なってゐるのでございます

我が國へは 明治六年に 南米の……

でございます

以上お話致しましたのが 簡単な コーヒーの発達史でございます

このやうに コーヒーは 世界的の飲料で

No. 12

ございますが 各国民によりまして その好みも 異って居る様でございます

今 コーヒーの ローカルカラーとでも 申しますか 二つ三つ 各国のコーヒーの 特色を お話し致しませう

ドイツでは カフェークラッチュと よばれる 午後のコーヒーを 中心として 雑談する 風習が ございます

むごい待遇にも耐え忍び、禁止をも反発して発達し、遂に全欧州人の嗜好する第一の飲み物となったのでございます。

次に、アメリカに渡りますが、何事にも世界一を誇るこの国では、コーヒーでも現実に世界一の生産国であって、また消費国でございます。今やアメリカにけるコーヒーは単なる嗜好品の域を脱しまして、立派な食物となっているのでございます。

我が国へは明治六年に南米のペルー大統領から畏《かしこ》くも明治天皇へ捧げた献上品の中にありましたのが一番確かな最初の歴史でございます。

以上お話しいたしましたことが、簡単なコーヒーの発達史でございます。

このようにコーヒーは世界的の飲料でございますが、各々国民によりまして、その好みも多少違っているようでございます。今、コーヒーのローカルカラーとでも申しますか二つ三つ各国のコーヒーの特色をお話し致しましょう。

ドイツではカフェクラッチと呼ばれている日曜の午後のコーヒーを中心として雑談する風習がございます。ドイツ人の家庭親睦会はいつも日曜の午後にコーヒーテーブルを囲んで行われるのでございます。

フランス人は中米のコーヒーを好みます。それは、生の時の豆のスタイルが他の

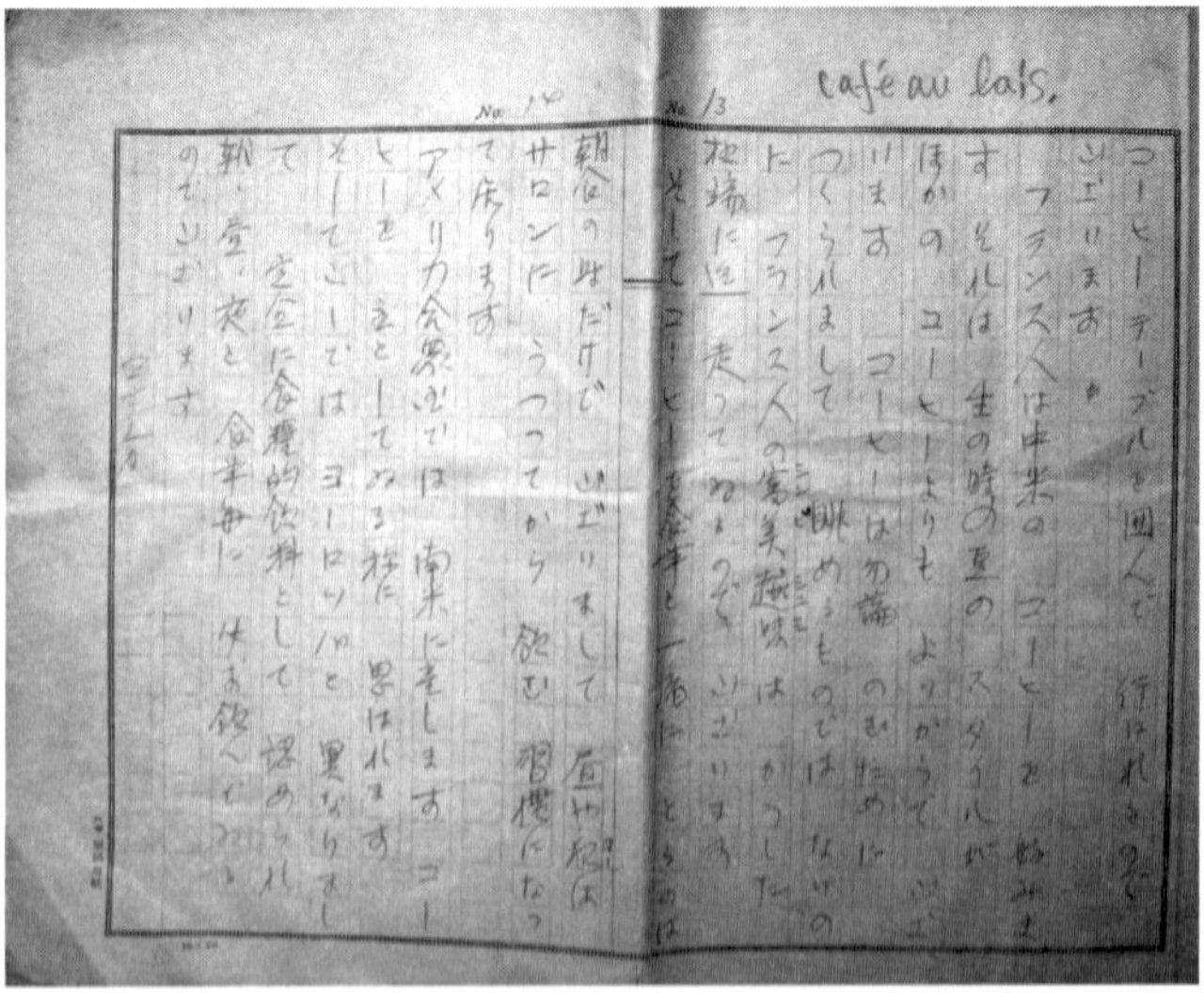

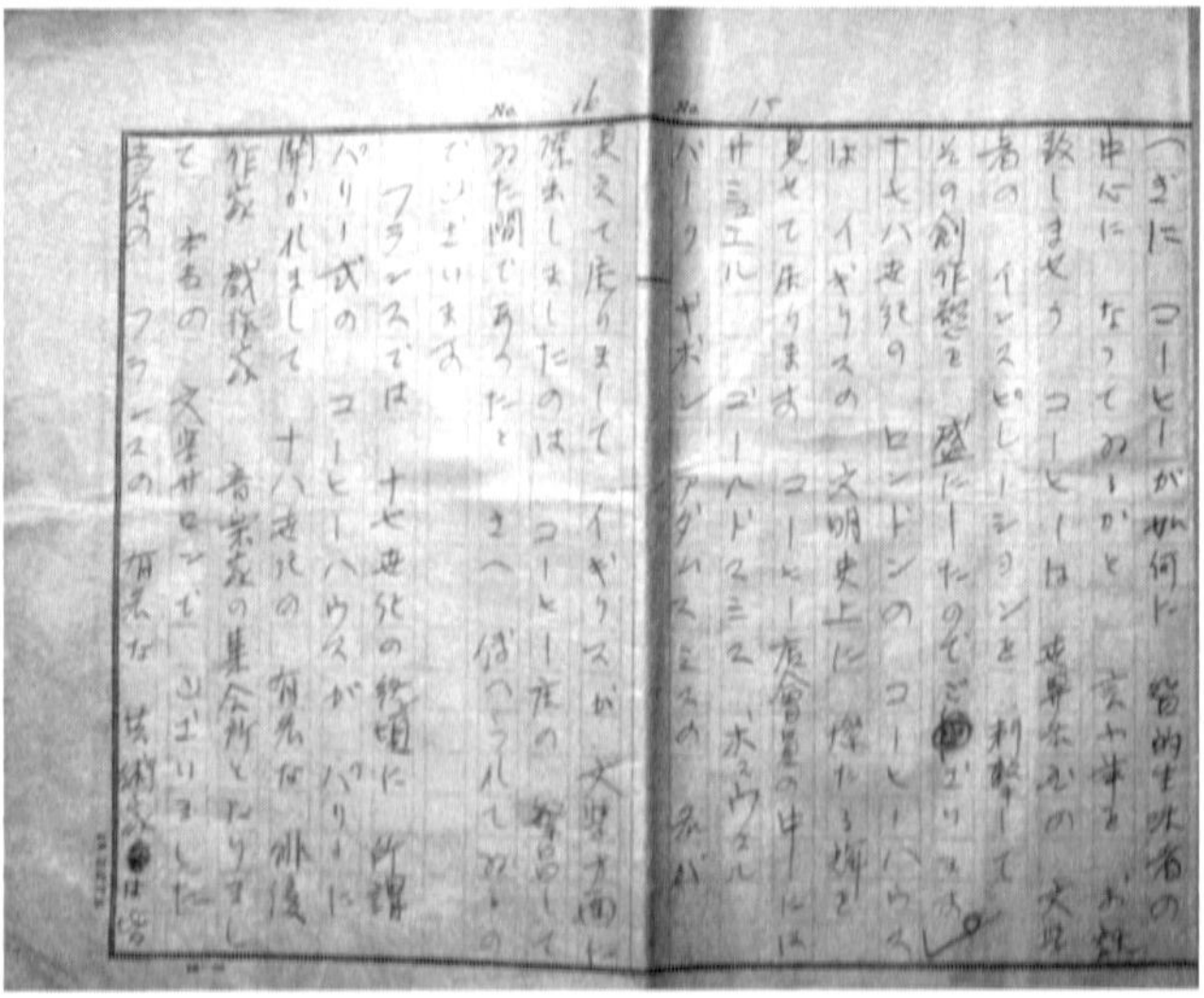

コーヒーよりも良いからでございます。コーヒーは勿論飲むためにつくられまして、眺めるものではないのに、フランス人の審美趣味はこうした極端にまで走っているのでございます。そしてコーヒーを食事と一緒にとるのは朝食の時だけでございまして、昼や夜はサロンに移ってから飲む習慣になっております。

アメリカ合衆国では、南米に産しますコーヒーを主としているように思われます。そして、ここではヨーロッパと異なりまして、完全に食糧的飲料として認められ、朝、昼、夜と食事ごとに飲んでいるのでございます。

次にコーヒーが如何に知的生活者の中心になっているかということをお話し致しましょう。コーヒーは世界屈指の文学者のインスピレーションを刺激して、その創作欲を盛んにしたのでございます。十七、八世紀のロンドンのコーヒーハウスは、イギリスの文明史上に燦《さん》たる輝きを見せております。コーヒー店会員の中にはサミュエル、ゴールドマシュ、ホマウエル、バーク、ギボン、アダムスミスの名は見えておりまして、イギリスが文学方面に傑出しましたのは、コーヒー店の繁昌していた間であったとさえ伝えられているのでございます。

フランスでは、十七世紀の終わりごろに所謂《いわゆる》パリ式のコーヒーハウスがパリに開か

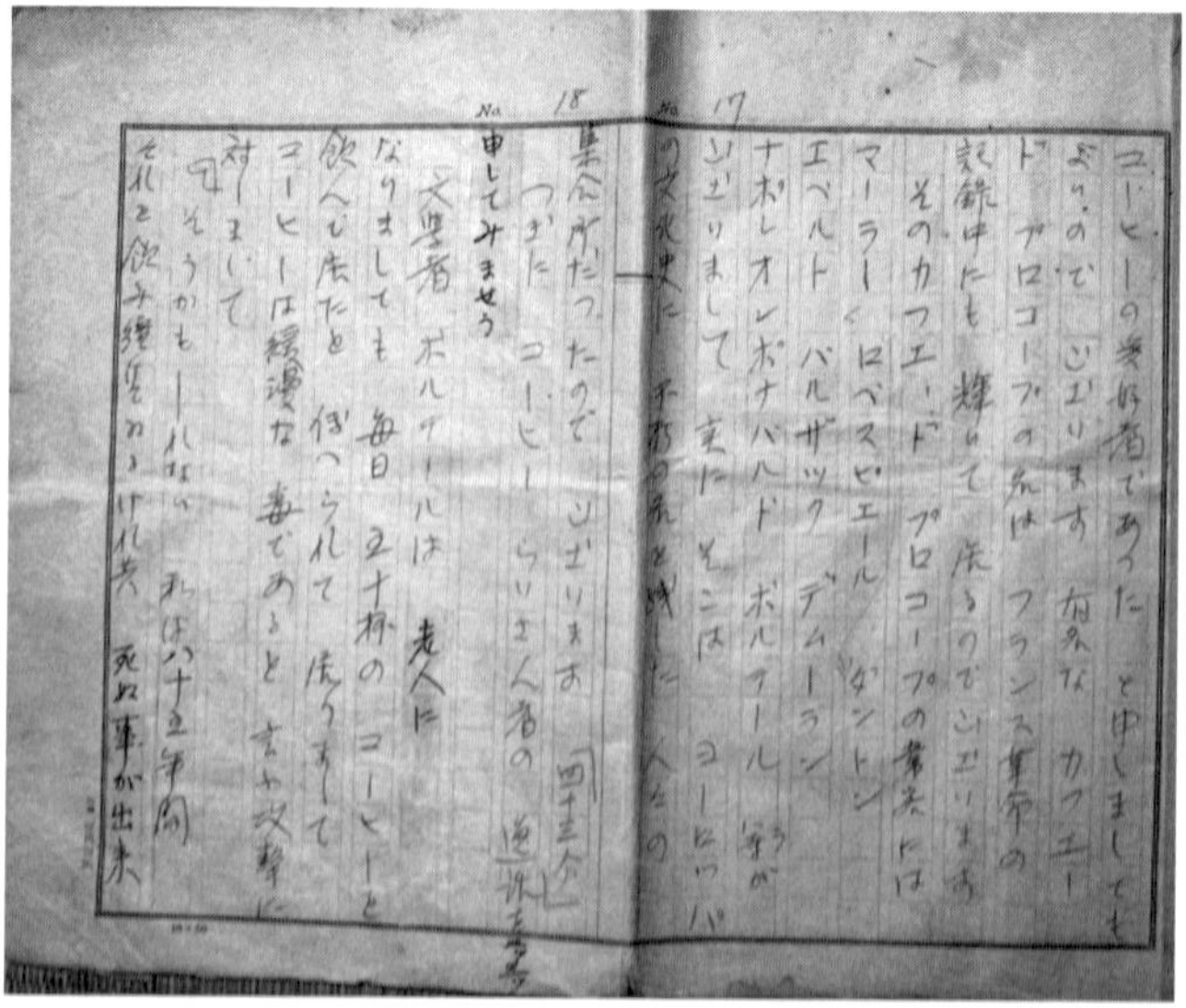

No.17

コーヒーの愛好者であった と申しましても
よいので ございます 有名な カフエー
ド プロコープの名は フランス革命の
記録中にも輝いて居るので ございます
そのカフエ・ド プロコープの常客には
マーラー ロベスピエール ダントン
エベルト バルザック デムーラン
ナポレオンボナパルト ボルテール等が
ございまして 実に そこは ヨーロッパ
の文化史に 不朽の名を残した 人々の

No.18

集会所だったので ございます 「四十五分」
つぎに コーヒー らいさん者の 逆説を
申してみませう
文学者 ボルテールは 老人に
なりましても 毎日五十杯のコーヒーを
飲んで居たと 伝へられて居りまして
コーヒーは緩慢な 毒であると 言ふ攻撃に
対しまして
「そうかもしれない 私は八十五年間
それを飲み続けてゐるけれ共 死ぬ事が出来

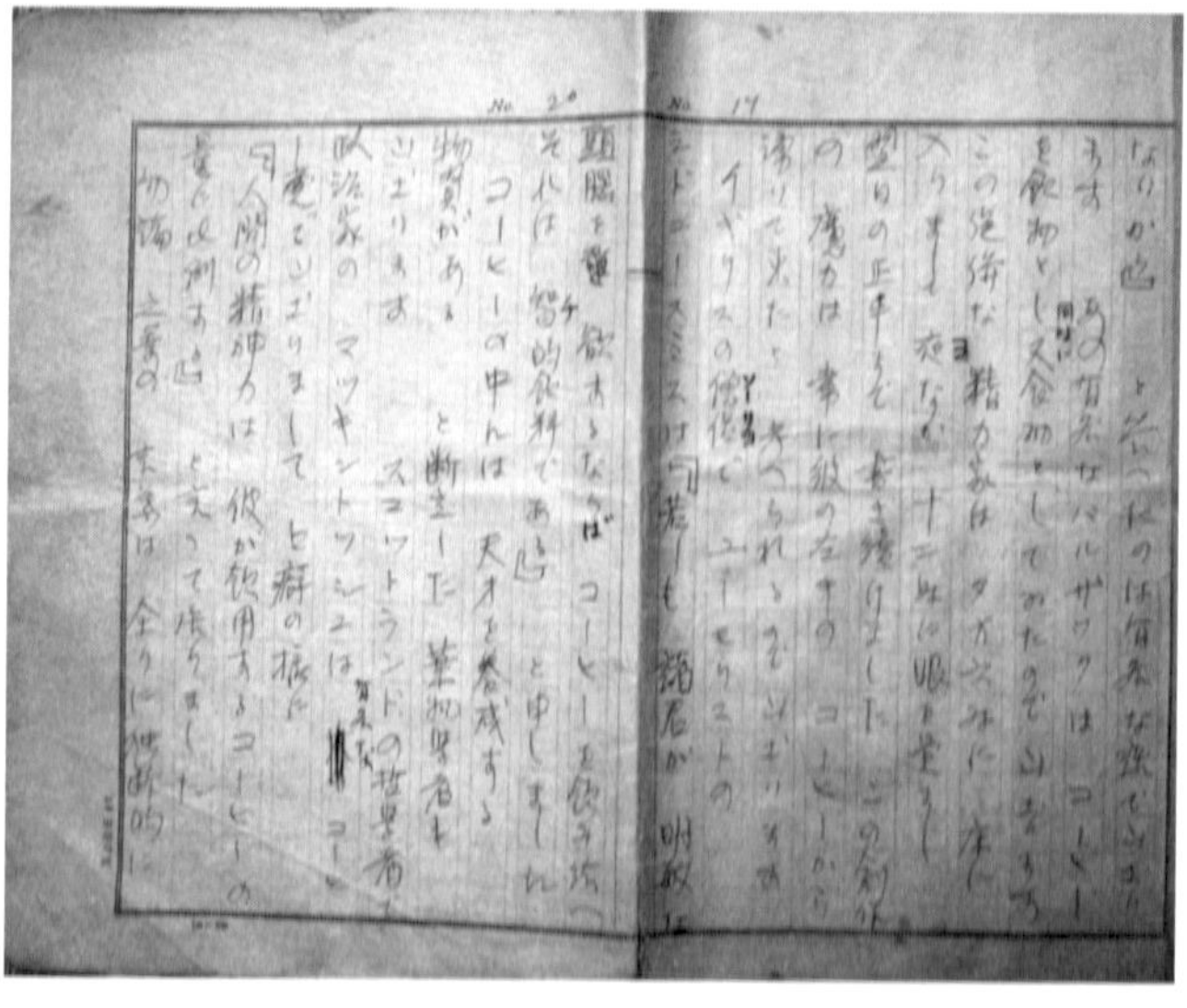

No.17

ないのだ」と答へたのは有名な話でございます
また あの有名な バルザックは コーヒー
を飲物とし又食物としてゐたので ございます
この強烈な精力家は 夕方 ベッドに
入りまして 夜なか十二時に眼を覚まし
翌日の正午まで書き続けました この創作
の魔力は 常に彼の左手の コーヒーから
涌いて来たと 伝へられて居りますが
イギリスの [illegible] ユーモリストの
[illegible] スミスは「若しも 諸君が 明敏に

No.20

頭脳を要するならば コーヒーを飲み給へ
それは 智的飲料である」と申しました
コーヒーの中には 天才を養成する
物質がある と断言した 英国の哲学者も
ございます スコットランドの哲学者
政治家の マッキントッシュは 有名な コーヒー
一党でございまして [illegible]
「人間の精神力は 彼が飲用するコーヒーの
量に比例する」と云って居りました
勿論 立言の [illegible] 全く [illegible] 的に

れまして、十八世紀の有名な俳優、作家、戯作家、音楽家の集会所となりまして、本当の文学サロンでございました。当時のフランスの有名な芸術家は皆コーヒーの愛好者であったと申しましても良いのでございます。有名なカフェ・ド・プロコプの名は、フランス革命の記録中にも輝いているのでございます。そのカフェ・ド・プロコプの常客にはマーラー、ロベスピエール、ダントン、エベルト、バルザック、デムーラン、ナポレオン・ボナバルト、ボルテールらがございまして、実にそこはヨーロッパの文化史に不朽の名を残した人々の集会所だったのでございます。

次にコーヒー礼賛者の逸話を二つ三つ申してみましょう。

文学者ボルテールは、老人になりましても、毎日五十杯のコーヒーを飲んでいたと伝えられておりまして、コーヒーは緩慢な毒であると言う攻撃に対しまして、「そうかもしれない。私は八十五年間それを飲み続けているけれども、死ぬことが出来ないから」と答えたのは有名な話でございます。あの有名なバルザックは、コーヒーを飲み物とし、同時にまた食物としていたのでございます。この強倫な精力家は、夕方六時に床に入りまして、夜中十二時に目を覚まし、翌日の正午まで書き続けました。この創作の魔の力は常に彼の左手のコーヒーから湧いて来たと考えられるのでござい

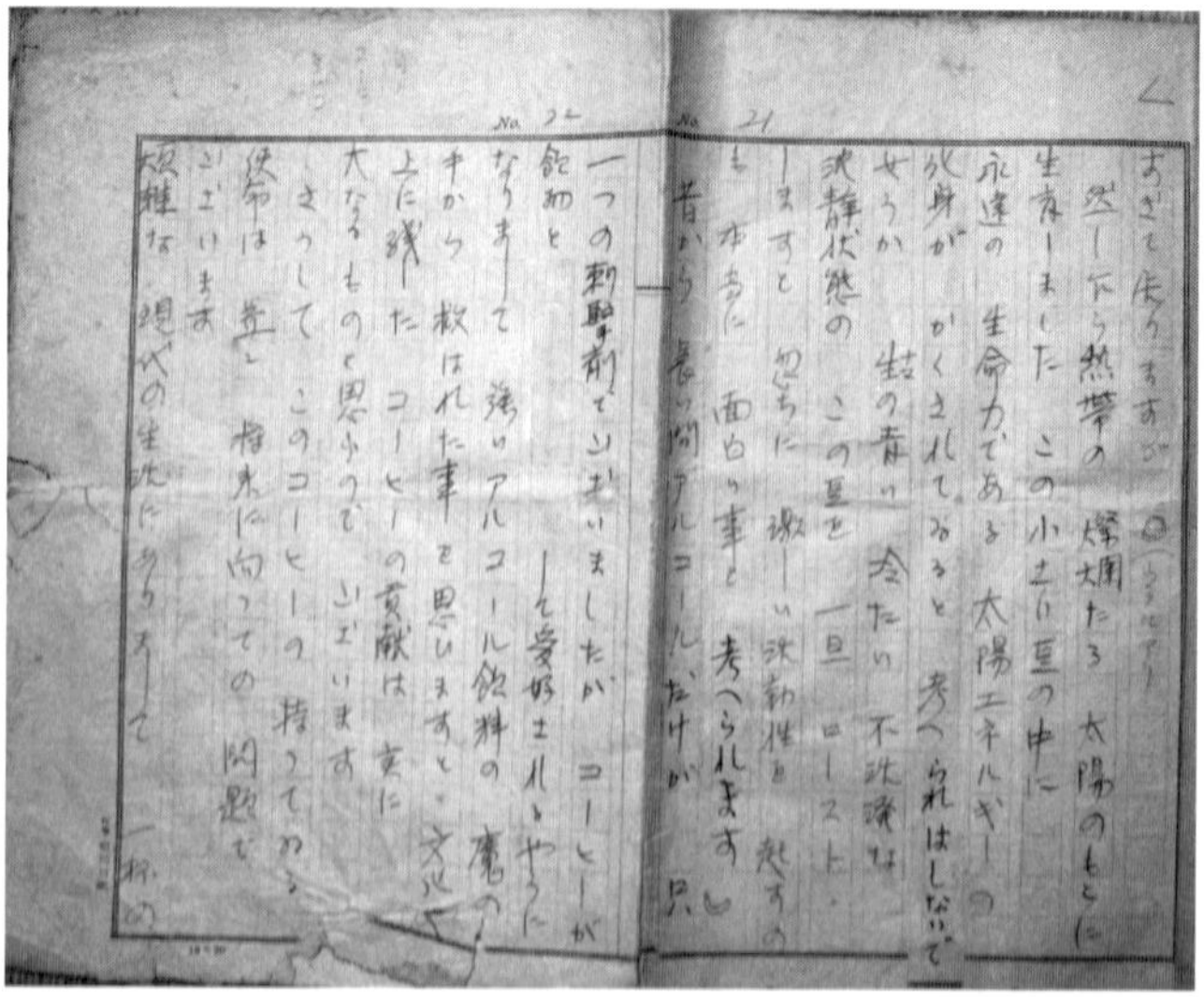

No. 21

然し下ら熱帯の燦爛たる太陽のもとに
生育しました　この小さい豆の中に
永遠の生命力である太陽エネルギーの
化身が　かくされてゐると　考へられはしないで
せうか　其の香り　冷たい　不思議な
沈静状態の　この豆を　一旦ロースト
しますと　忽ちに　激しい　活動性を起すの
も　本当に　面白い事と　考へられます
昔から　長い間　アルコールだけが　只

No. 22

一つの刺激剤でございましたが　コーヒーが
飲物と　しまして愛好されるやうに
なりまして　強いアルコール飲料の　魔の
手から　救はれた事を思ひますと　文化
上に　残した　コーヒーの貢献は　実に
大なるものと思ふので　ございます
さうして　このコーヒーの　持ってゐる
使命は　益々　将来に向っての　問題で
ございます
複雑な　現代の生活に

ます。

イギリスの僧侶でユーモリストのシドニー・スミスは「もしも諸君が明敏な頭脳を欲するならばコーヒーを飲み給え。それは知的飲料である」と申しました。

コーヒーの中には天才を養成する物資があると断定した薬物学者もございます。スコットランドの哲学者で政治家のマッキントッシュは有名なコーヒー党でございまして、口癖のように「人間の精神力は、彼が飲用するコーヒーの量に比例する」と言っておりました。もちろん、これらの言葉は余りに独断的に過ぎておりますが、約二十年前、米国のグレスマット教授は、熱心研究の結果、「コーヒーを適量に飲用すれば、エネルギーを増進する」と断定し、さらにコーネル大学教授によって、うれしい発表があった。すなわち、喫煙中およびその後三、四十分程、喫煙者の手は安定を欠き、脈拍は上昇するが、二杯のコーヒーをブラックで飲用した後に喫煙すれば、手の震えなど身体内臓はほとんど常態と異ならないというのである。

しかしながら、熱帯の燦爛《さんらん》たる太陽のもとに生育しました、この小さい豆の中に永遠の生命力である太陽エネルギーの化身が隠されていると考えられはしないでしょうか。生の青い冷たい不活発な沈静状態のこの豆をいったんローストしますと、たち

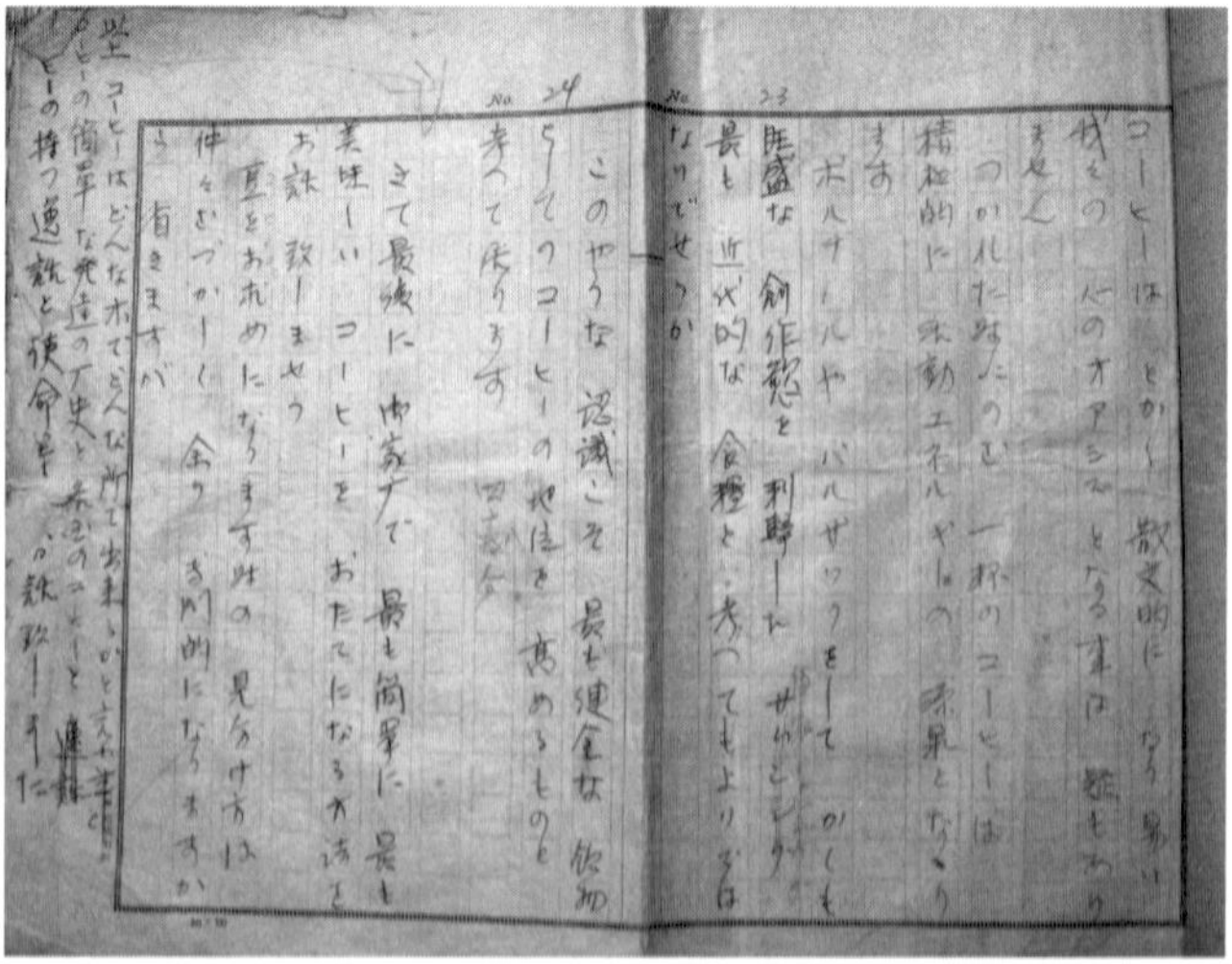

No. 23

コーヒーは とかく 散文的に なり易い
我々の 心のオアシスとなる事は 誰もわかり
ません
つかれた時たのむ 一杯のコーヒーは
精神的に 活動エネルギーの 源泉となり
ます
ボルテールや バルザックをして しかも
旺盛な 創作慾を 刺戟した
最も 近代的な 食糧と 考へても よいの
ではないでせうか

No. 24

このやうな 認識こそ 最も健全な 飲物
としてのコーヒーの 地位を 高めるものと
考へて 居ります
さて 最後に 御家庭で 最も簡単に 最も
美味しい コーヒーを おたてになる方法を
お話 致しませう
豆を お求めになります時の 見分け方は
仲々むづかしく 余り 専門的になりますか
ら 省きますが

以上 コーヒーはどんな所で出来たかと云ふ事と
コーヒーの簡単な発達の歴史と 未来のコーヒーと
コーヒーの持つ適性と使命を お話致しました

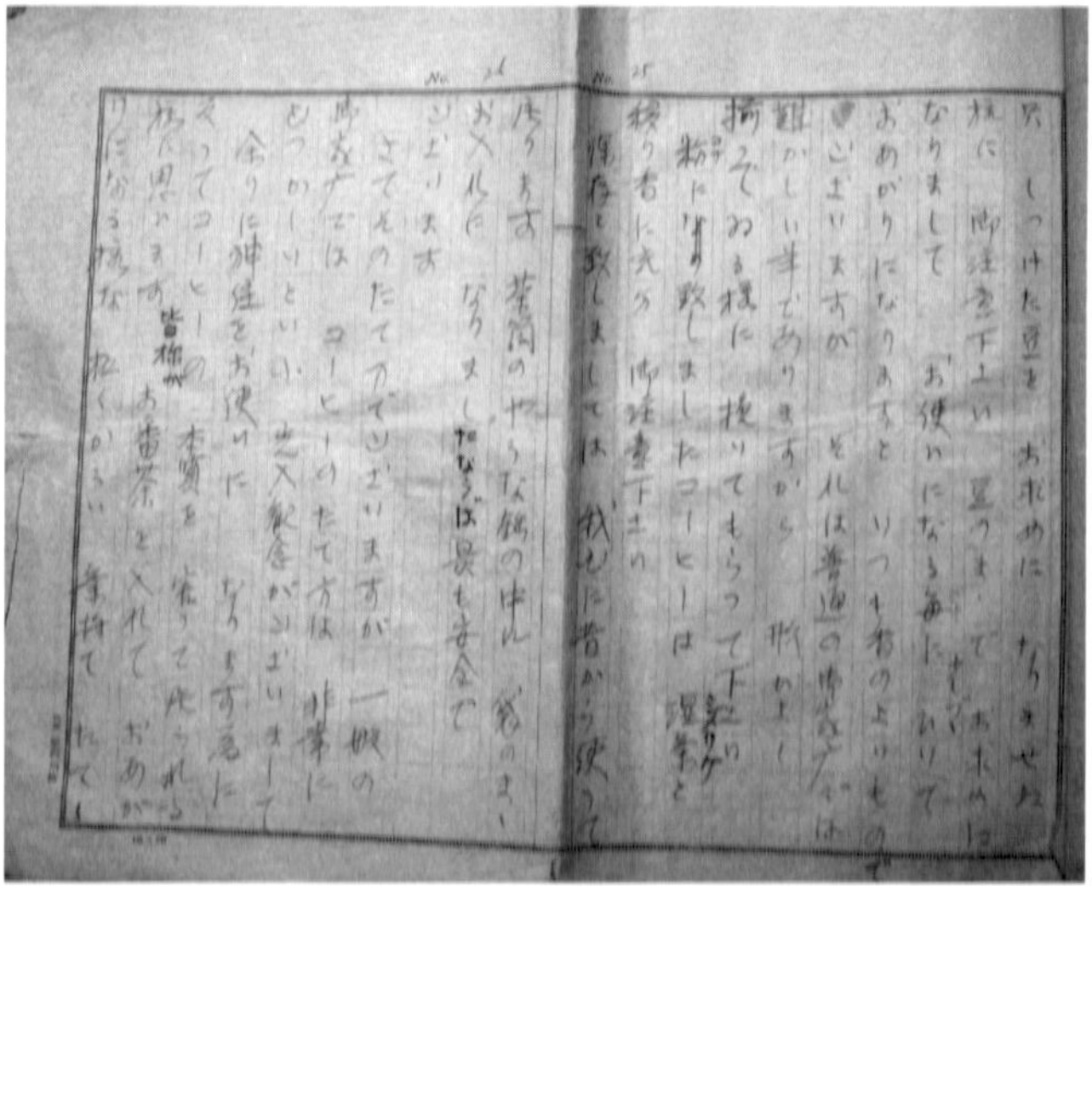

No. 25

只 しっけた豆を お求めに ならない
様に 御注意下さい 豆のまゝで お求めに
なりまして お使ひになる毎に ひいて
おあがりになりますと いつも新しいもので
ございますが それは普通の御家庭では
難かしい事でありますから
挽いてもらって下さい
粉に 致しましたコーヒーは
御注意下さいの

No. 26

居ります 茶筒のやうな 缶の中に
おいれになりまして 最も安全で
ございます
さて そのたてかたでございますが 一般の
御家庭では コーヒーのたて方は 非常に
むづかしいといふ 先入観念がございまして
余りに神経をお使ひになりすぎる為に
却ってコーヒーの 本質を
様に思はれます 皆様が お番茶を 入れて おあがり
になる様な 気持で たてて

まちに激しい活動性を起こすのも、本当に面白いことと考えられます。

昔から長い間アルコールだけがただ一つの刺激剤でございましたが、コーヒーが飲み物として愛好されるようになりまして、強いアルコール飲料の魔の手から救われたことを思いますと、文化史上に残したコーヒーの貢献は、実に大なるものと思うのでございます。

そうして、益々将来に向かっての問題でございます。

煩雑な現代の生活にありまして、一杯のコーヒーは、とかく散文的になり易い我々の心のオアシスとなることは、疑いもありません。

疲れた時に飲む一杯のコーヒーは、積極的に活動エネルギーの源泉となります。

ボルテールやバルザックをして、かくも旺盛な創作欲を刺激した最も近代的な食糧と考えても良いではないでしょうか。

このような認識こそ、最も健全な飲み物としてコーヒーの地位を高めるものと考えております。

以上、コーヒーはどんな木でどんな所で出来るかということと、コーヒーの簡単な発達の歴史と各国のコーヒーとコーヒーの持つ逸話と使命をお話し致しました。

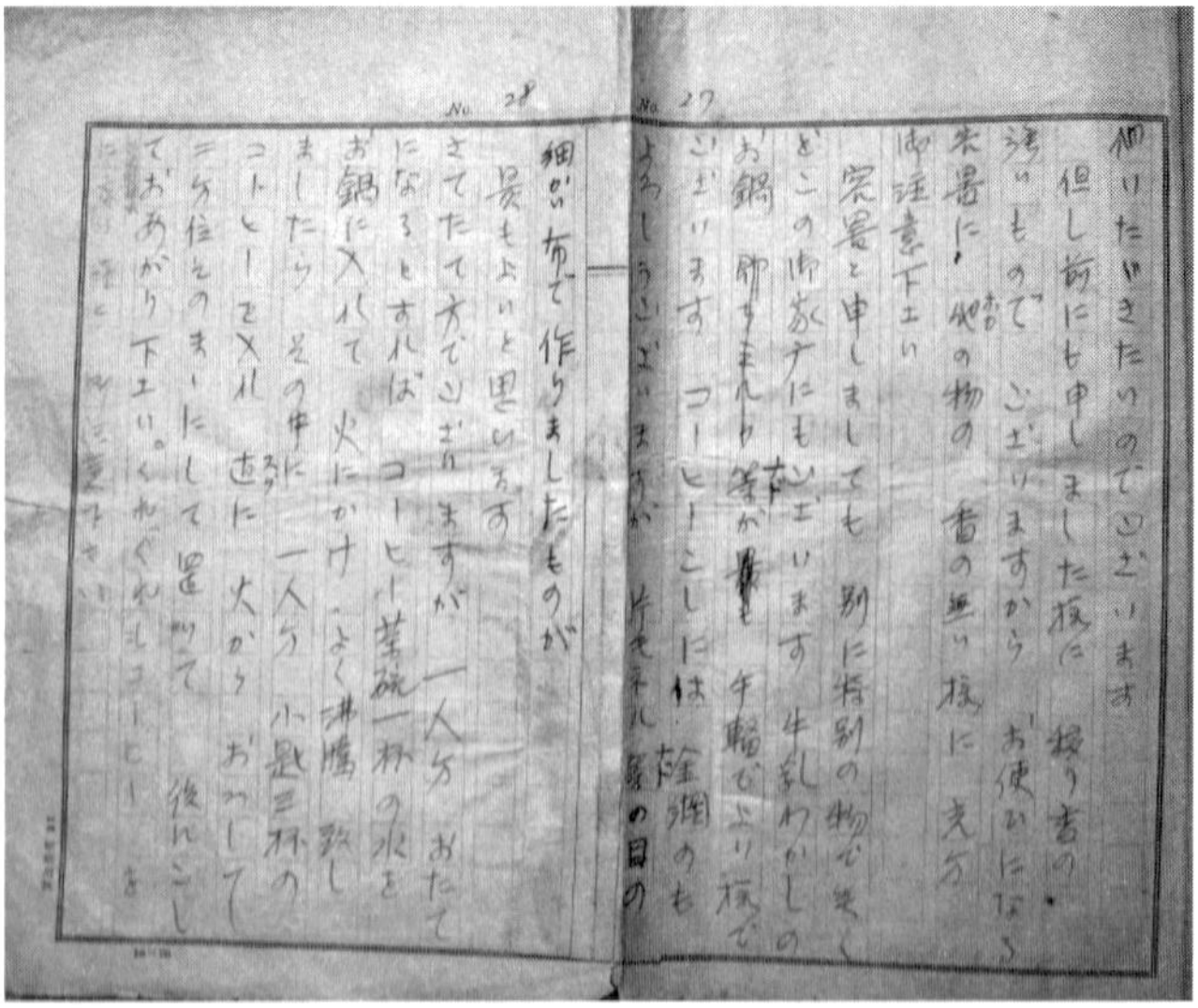
No. 27

頂りたいのでございます
但し前にも申しました様に 挽き方の
荒いもので ございますから お使いになる
容器に 他の物の 香の無い様に 充分
御注意下さい
容器と申しましても 別に特別の物で無く
どこの御家庭にもございます 牛乳わかしの
お鍋 [illegible]等でも 手軽でよい様で
ございます コーヒーこしには 金網のも
よろしうございますが 片手キャラコの目の

No. 28

細かい布で作りましたものが
最もよいと思います
さてたて方でございますが 一人分 おたて
になるとすれば コーヒー茶碗一杯の水を
お鍋に入れて 火にかけ よく沸騰致し
ましたら その中に 一人分 小匙三杯の
コーヒーを入れ 直に火からおろして
三分位そのままにして置いて 後れこし
ておあがり下さい。くれぐれもコーヒー

さて、最後にご家庭で最も簡単に、最も美味しいコーヒーをおたてになる方法をお話し致しましょう。

豆をお求めになります時の見分け方はなかなか難しく、あまり専門的になりますから省きますが、ただ湿った豆をお求めになりますように御注意下さい。豆のままでお求めになりまして、お使いになるごとに少しずつ挽いてお上がりになりますと、いつも香の良いものでございますが、それは普通のご家庭では難しいことでありますから、形が良く、揃っているように挽いて貰って下さい。

粉に致しましたコーヒーは、湿気と移り香に充分ご注意下さい。

保存と致しましては、我が国に昔から使っております茶筒のような缶の中に袋のままお入れになりましたならば、最も安全でございます。

さて、そのたて方でございますが、一般のご家庭では、コーヒーのたて方は非常に難しいという先入観がございまして、あまりに神経をお使いになりますために、かえってコーヒーの本質を損なっておられるように思います。皆さまがお番茶を淹れてお召し上がりになるようなごく軽い気持ちでたてていただきたいのでございます。

ただし、前にも申しましたように、移り香の強いものでございますから、お使いになる容器に他の物の香の無いように、充分ご注意下さい。容器と申しましても、別に特別の物でなく、どこのご家庭にもございます牛乳わかしのお鍋などが手軽で良いようでございます。コーヒー濾しには、金網のもよろしゅうございますが、片毛ネルなどの目の細かい布で作りましたものが最も良いと思います。

さて、たて方でございますが、一人分おたてになるとすれば、コーヒー茶碗一杯の水をお鍋に入れて火にかけ、よく沸騰致しましたら、その中に一人分の小匙三杯のコーヒーを入れ、すぐに火から降ろして、二分位そのままにして置いて、後に濾してお召し上がり下さい。くれぐれもコーヒーを煮ないようにご注意ください。

繰り返して申し上げます。

一人分おたてになるとすれば、コーヒー茶碗一杯の水をお鍋に入れて火にかけ、よく沸騰致しましたら、その中に小匙三杯のコーヒーを入れ、すぐに火から降ろして、二分位そのままにして置いて、後に濾しておあがり下さい。くれぐれもコーヒーを煮ないようにご注意下さい。

お一人分ずつおたてになりますよりは、三、四人分一度におたてになりました方がずっと美味しく召し上がることが出来るのでございます。

これで私のお話を終わります。ご静聴を煩わしましたことを厚く御礼を申し上げます。

（昭和十一（一九三六）年五月十一日）

# 3　コーヒーの話

コーヒー研究家　三浦義武

コーヒーは千年も前にエチオピアで発見され、次第に欧州全土に広まりました。東洋へは一六七〇年にオランダ人に依ってジャバのバタビアに移植され、相当の収穫を得ていましたが、当時コーヒーの飲用は不妊の原因になると誤信せられたため、一般に飲用されず、専《もっぱ》ら本国のオランダに於いて飲まれていました。ところが最近の研究では生殖本能を刺激するものであると発表されています。

上述の如く有害視され飲用されなかったため我国への輸入も遅れ、やっと明治初年に到って僅《わず》かに輸入されましたが、もとよりコーヒーは有害である、興奮する、と伝えられ、明治年間は殆《ほとん》ど飲用されなかったのであります。

大正年間に入りまして、故三浦政太郎博士が「緑茶にヴィタミンあり」と発表され、ドイツではコーヒー研究のオーソリティーであるフォンハルム博士によって「コーヒーにヴィタミンあり」と発表されて以来、世人は次第にコーヒーや緑茶の効能を知る様になり、更にアメリカのサムエル・シーブシスコット教授は「コーヒーを適量に飲用すれば、人類に慰安と精気を与え、心身の活動力を増すものであって、文化の忠僕と見做《みな》すべきものであると断定する」と発表し、その他種々の研究の結果、現代の科学は過去における憶測や迷信を一掃して、最上の健康飲料であると保証しています。

従って、我国におけるコーヒー飲用も大正年間に入って次第に増加しました。

次に一人一年間の使用量を示せば、大正元年には約〇・一八匁、大正十五年には、約三匁六分、昭和十年には、約七匁となって居り、輸入は大正元年＝六万五千円、十年＝三十一万五千円、一五年＝百二十万円、昭和十年＝二百二十万円、本年は十月までにて已《すで》に二百七十万円を示して居ります。

さて日本のコーヒーは一般に、不味い不味いといわれていますが、昨年頃よりは生産地の最上の品が来る様になったから一口に不味いとは言えない。例えばブラジルでも、ブルボンサントス級の品、コロンビアでも、メデリンボゴタのエチセラソーが輸入になるし、マンデリン、マタリー等も来る様になった。その上、日本の水は世界各国の水よりも、コーヒーに適していることが判ったから、日本としてのコーヒーが立派になり立つわけであります。

日本のコーヒーと言う意味は、徒《いたずら》に外国に追随せず、我国の気候風土に適したコーヒーという意味であります。

例えばローストにしても、生産地の人々がイタリアンロースト又はフレンチローストの等の極端なる黒いりを好むのは、彼等はコーヒーに麻痺せられ、非常に強い液体でなければ味覚に感じない為である。彼等にはスムースとかメローのコーヒーと言うが如き、所謂《いわゆる》とろけ込む様な風味を解することが出来ず、只強烈なる刺激のみを要求しているからである。然《しか》し味覚神経の発達した我々はシンナモンロースト（最も浅いり）又はメディアムロースト（肉桂色のいり方）をして、力と味と香の三拍子揃ったデリシャスのコーヒーを飲むべきであります。

## ジャバコーヒー

生産高百五十万俵、内訳、米国方面へ十五％、欧州へ八十五％

ジャバコーヒーにはリベリア種とロブスター種の二種あり、ロブスター種はジャバコーヒーの八十四%を占めて居り、世界一の優良品と称されるマンデリンはジャバコーヒーの一種である。

**アジアのコーヒー**

アラビア、印度、セイロン等に産し殆《ほとん》ど欧州に使用されるモカコーヒー中の有名な、マタリ、シヤリキ、ヤフイ、サナュ等を算出している。

**アフリカコーヒー**

生産高百万俵、アビシニア、ウガンダ、ケニヤ等に産し、殆《ほとん》んど欧州にて使用される。

**メキシココーヒー**

生産高五十万俵、オアハカ、コアテベックの如き世界で有名なマイルドコーヒーも産出している。

**グアテマラコーヒー**

生産高八十万俵、米国三十五%、欧州六十五%、このコーヒーは主としてウオシッドコーヒーで、アンテグア、コーバンの如き優良品も生産され、アメリカ市場でも配合コーヒーとして喜ばれる様になった。

**サルバドルコーヒー**

生産高九十万俵、米国十%、欧州九十%、ウオシッドコーヒーとナチュラルコーヒーとの二種で、サンターナコーヒーが最も大量に産し代表品となっている。

**ニカラグアコーヒー**

生産高二十五万俵、米国二十五%、欧州七十五%。

**ホンヂュラスコーヒー**

生産高二万俵、中性のサントス位のもの。

**コスタリカコーヒー**

生産高三十五万俵、米国十五％、欧州八十五％。

**コロンビアコーヒー**

生産高三百二十万俵、米国八十五％、欧州十五％。主なるものボゴダ、メデリン、マニサレス、アンテオキヤ、フカラマンダ等にて、酸味、醇味、風味を有し、二、三年枯らせば世界最上の品と言う事が出来る。

**ブラジルコーヒー**

生産高一千四百万俵、米国五十二％、欧州四十二％。主なるものはサントスミナス、リオ、マラゴキベ。世界産額の七割を占め、価格が常に一定している事は、我々消費者にとって喜ばしい事である。

**ベネズエラコーヒー**

生産高九十万俵、米国二十％、欧州八十％、主なるものにマラカイボカラカス、ククタ等の優秀品を出している。

**エクアドルコーヒー**

生産高十三万俵、米国二十%、欧州八十%。

**ハワイコーヒー**

生産高六万俵、米国七十五%、オーストラリア、ニュージーランド、支那、フィリピン、カナダ、日本等二十五%、代表的のものはコナコーヒー。

**西印度諸島のコーヒー**

キューバ、サントドミンゴ、プエルトリコ等に産し、米国に十四%、欧州八十六%となっている。

（『中外財界』昭和十一年年十二月号）

## 4 「コーヒーを楽しむ会」再開のあいさつ

顧りみますれば私の「楽しむ会」も、昭和十年皆様の熱誠なる御推薦の下に白木屋に於て開会いたしまして以来、回を重ぬる事八十九回、絢爛として今日まで咲き続けました事は、偏《ひとえ》に皆様の厚き御愛顧の賜物である事と感謝いたします。さて此の度は、自分の店「ヨシタケ」を銀座五丁目天金横通りに持つ事になりました。室咲きの花が根を下した感がいたします。本腰を据えて今後一入《ひとしお》精励して皆様の御期待に副《そ》ひたいと存じます。相変らぬ御贔屓《ひいき》を御願申上げます。

珈琲に献身いたしまして既に二十年、いつの間にか「三浦のコーヒー」「コーヒーの三浦」と呼びなされ、あたかも自分の外に今一つの自分が存在して絶えず影の如くにつきまとうかの感がいたします。然《しか》も此の愛すべき私の半身は、私が如何なる新しい事業を企て、如何なる飛躍を遂げようと知らぬ顔に、コーヒーだけに興味を持ち、コーヒーだけを命に生きています。

夜半眼をさますと、厨房に湯のたぎる音が聞え、コーヒーの高い香が漂って来ます。私の分身、私のドッペルゲンゲル〔筆者註：もう一人の自分〕がコーヒーをたてています。香をかぎ、色を調べ、ポットを考案し、袋を縫い、夢中になって今夜もコーヒーをたてています。或る時は狂の如く或る時は痴呆の如く、二十年の歳月を変る事なく私の分身は、コーヒーの世界の外は我不関焉《われかんせず》と化身の如く暮しています。銀座の「ヨシタケ」の店は、云わば彼の居城であり、琥珀色の象牙の塔であります。

一つの情熱が冷める時、一切の情熱が怪しくなる事を彼程よく承知している者はありません。私の一切の活動はコーヒーに発しています。そしてその情熱の底を流れるものは、愛であります。ことに智識は止むときあれど、愛は然《しか》らずです。

私は限りなく、コーヒーを愛します。そしてこの「愛するもの」について宣《の》べ伝へずして止むことが出来ません。

（昭和十二年春）

# 三浦義武年譜

一八九九（明治三二）　七月一八日　島根県那賀郡井野村諸谷に生まれる。

一九〇二（明治三五）　二月　父が島根県議会議員となる（一九〇六年二月まで一期）。

一九一二（明治四五）　三月二五日　井野村立井野尋常小学校室谷分校尋常科卒業。高等科に進む。

一九一四（大正三）　浜田中学校に入学（一五歳）。服部之総（歴史学者）と親交を結ぶ。

一九二〇（大正九）　三月　浜田中学校を卒業（第二六期生）。

その後、早稲田大学法科に進学する。在学中ビタミンに興味をもつ。

一九二四（大正一三）　理化学研究所に鈴木梅太郎を訪ねる。これ以降コーヒー研究を始める。

その後、静岡産のお茶を販売する三浦茶園を開く。

一九三〇年代（昭和五～一四）前半　銀座・丸の内の有名コーヒー店を飲み歩き、飲みすぎて寝込むこともあった。

一九三五（昭和一〇）　白木屋の食品部長となる。コーヒーの研究に没頭し、「美」のコーヒーを完成させる。

一九三五（昭和一〇）　一二月　白木屋デパート七階食堂において「三浦義武のコーヒーを楽しむ会」を始める。
この頃、コーヒーソーダを考案。コーヒーに合うシロップもつくる。

一九三六（昭和一一）　九月・一〇月　白木屋でのコーヒーを楽しむ会九月・一〇月休会。

一九三七（昭和一二）　春　コーヒーを楽しむ会が再開される。

一九三七（昭和一二）　銀座五丁目天金横通りの金春映画劇場横にヨシタケを開店する。

一九三七（昭和一二）　「三浦義武のコーヒーを楽しむ会」中止。

一九三九（昭和一四）　三浦コーヒー商会が杉浦商店と合併。

一九四二（昭和一七）　井野に帰郷する。

一九四五（昭和二〇）　三月一二日　井野村長となる。

一九四六（昭和二一）　四月一〇日　第二二回衆議院選挙島根県選挙区に出馬。二万九八三六票をとるが落選。

一九四七（昭和二二）
三月　井野村長を辞する。

一九五一（昭和二六）
浜田市紺屋町で喫茶ヨシタケを開く。

一九五二〜一九五九（昭和二六〜三四）
胃潰瘍と肺結核を病み入退院を繰り返す。
この間、コーヒー牛乳を考案する。

一九五八（昭和三三）
一二月二六日　出資者を募り有限会社ヨシタケ珈琲商会を設立し、大型焙煎機を購入する。

一九六二（昭和三七）
秋　長男浩が結婚。この時に司馬遼太郎が仲人を務めたのが縁となり、義武と司馬遼太郎の交流が生まれる。

一九六三（昭和三八）
コーヒーの瓶詰を販売。さらに缶コーヒーの試作品が完成する。

一九六五（昭和四〇）
七月　缶コーヒーの製品化に成功。

一九六五（昭和四〇）
九月一四日　缶コーヒー「ミラ・コーヒー」を日本橋三越などで販売開始。

一九六六（昭和四一）
一月一九日　株式会社三浦珈琲商会をつくる。

一九六六（昭和四一）
一〇月　関西在住の浜田出身の有力者が出資してミラ・コーヒー販

売株式会社を設立する。

| | |
|---|---|
| 一九六八（昭和四三）頃 | 缶コーヒーの製造をやめる。 |
| 一九七二（昭和四七） | 五月三一日　妻村逝去。 |
| 一九七六〜一九七七（昭和五一〜五二） | 「義武コーヒーを楽しむ会」を開く。 |
| 一九七八（昭和五三） | 肺気腫で入院。 |
| 一九七八（昭和五三） | 一〇月　喫茶ヨシタケ閉店。 |
| 一九八〇（昭和五五） | 二月八日　肺気腫のため逝去。八〇歳。 |

# 参考文献

『浜田中学校交友会雑誌』二二号（一九一九年）
『石見タイムズ』一九五一年三月三一日記事
井上誠『珈琲物語』（自治日報社、一九六一年）
『日本経済新聞』一九六五年七月二五日記事
『毎日新聞』一九六六年二月一三日（島根版）記事
『服部之総全集』二四巻　句稿・草稿（福村出版、一九七六年）
『日本経済新聞』一九九七年一二月二八日記事
司馬遼太郎『司馬遼太郎が考えたこと（3）エッセイ　一九六四・一〇〜一九六八・八』（新潮文庫、二〇〇四年）
熊谷守一所蔵文書（岐阜県公文書館）

（神　英雄作成）

# あとがき——研究の経緯——

平成一二（二〇〇〇）年に島根県に住むようになったのを契機として、それまでの古代史研究に加えて、この地の地域性、歴史、文化を考察するようになり、それを「石見学」や「島根学」と名付けさせていただいた。歴史の霧の彼方に消えようとしている事象を掘り起し、その価値を次世代に伝えていく。そのような考察の過程で、今日の地域を創ったのは一握りの偉人ではなく、多くの市井の人であると気づくことができた。そして、地域学とは土地が書かせてくれるものであり、研究者の個性やはからいをはるかに超えた存在であると理解できるようになった。旧著『柿本人麻呂の石見』および『妙好人と石見人の生き方』（いずれも自照社出版）は、そのような中で生まれた。

地方の美術館の学芸員は地域の人々の「よろず相談所」だ。平成一三（二〇〇一）年四月に三隅町立石正美術館（現浜田市立石正美術館）が開館すると、「地域の歴史や先覚者について調べて欲しい」との依頼が次々に寄せられた。いただいた課題を一つひとつ丹念に調べて記述し、歴史的価値を明確にした上で展覧会を開催した。それ以外にも、祭りや新たな観光コースづくり、特産品の商品化のお手伝いをさせていただく。それは美術館を核にした地域づくりのささやかな実験だった。

私が三浦義武を知ったのは平成一四年だった。室谷棚田の現地調査をしていた時、案内くださった集落の方が棚田の一画を指さして、「あの石垣の残っているのが、世界で初めて缶コーヒーをつくった三浦義武の生家跡です」と教えてくれた。その直後、福岡の故森光宗男氏が浜田での取材を元に義武について書いた文章を読んだ。残念ながら、義武を育んだ地域像や彼の言行について多くの誤謬が見られた。史実を正しく伝えるのが石見に住む歴史地理学研究者の使命と思い、これを機に義武の調査を本格化させた。

その頃浜田では、喫茶ヨシタケの元従業員から教わったコーヒーの配合比率に即したとされる商品を販売する店や、「義武コーヒーの飲める店」の看板を掲げる店もあったが、いずれもヨシタケコーヒーおよび三浦義武とは無関係のものだった。

調査はこのような状況の中で始まった。同時代資料を集め、その資料の信憑性について一つひとつ裏付けしながら彼の詳しい経歴を詳らかにしていった。

平成一七（二〇〇五）年九月、広島修道大学の中根光敏氏から電話があった。社会学の立場から三浦義武のコーヒーに迫りたいと考え、研究を重ねてついに義武が編み出したカフェ・ラールをつくることができたので批評して欲しいと言われた。これを受けて、九月一三日午後、当時筆者が勤務していた石正美術館内の喫茶紙遊において、「三浦義武のコーヒーを楽しむ会」を開いた。会場にはかつて浜田のヨシタケコーヒーに通った経験のある約二〇人が集まった。

義武とともにミラ・コーヒーを販売した俵清英氏が当時の状況を語った。焙煎や独特のコーヒーの淹れ方、それに缶コーヒーについて。何度も「あのコーヒーは最高に美味かった」と話した。

やがて、小さなグラスに入った少しとろみのあるコーヒーが配られた。私も煽るように一気に飲んだが、衝撃が喉を通り、頭がクラクラした。しばらくして甘味がふわーっと広がった。それは「酔った」という表現がぴったりだった。

ところが、参加者は口々に「これはカフェ・ラールとは違う、全く違うものだ。ありゃあ、もっととろっとしとって、濃くて、ずっと美味かった」と言った。中根氏は、「石見の小さな町にコーヒーの味の判る人がこんなにいることに驚きました」と話した。

これを機に、義武が淹れたコーヒーを味わってみたいと願い始めた。そして、誰もやっていないのならば自分で復原したいと考えた。今思えば怖いもの知らずの無謀な挑戦だった。

義武は、豆の配合・焙煎の度合い・カッティングなどについて複数の雑誌や新聞に書き残している。たとえば、大手通信販売会社の千趣会が一九六〇年代に作成した顧客配布用資料は豆の配合について次のように記す。

最高のコーヒーの配合
ブルーマウンテン（中煎り）2、マンデリン（中煎り）3、サントス№2（中煎り）2

一般的なブレンドの配合
サントス№2（中煎り）3、モカハラリ（中煎り）3、コロンビアメデリン（中煎り）3、ジャバ（深煎り）1

なんと雑駁な書き方だろう。中煎りや深煎りとあるが、これは人によって差があり、手がかりとしては十分ではない。しかし、書かれているだけでもいい。肝心の抽出方法については一切公表しなかったため、全く判らない状態だった。平成一八（二〇〇六）年頃から喫茶ヨシタケを知る多くの人を訪ねて、豆の種類や煎り方、挽き方、ブレンドの割合、淹れ方などを聞いて回った。しかし、なかなか手がかりは得られなかった。困り果てていた平成二二年七月、三浦晴江氏が訪ねて来て、復原の手がかりを教えてくださった。昭和四五（一九七〇）年から五三年まで義武の店で働いていた彼女は、コーヒーを淹れる手順について次のように教えてくれた。

直径三〇センチ・高さ五〇センチほどの金属製の筒の下に片手鍋を置きます。筒の中に端を木綿でしばった綾織のネル（二枚重ね）を入れ、その中に約二キロ以上のコーヒー粉を入れます。そこに水を入れて二本の竹の箸で攪拌するんですが、この作業はかなりの力が要りました。

一回目に抽出したものはとても濃いのですが、これをカフェ・ラールとしてお出ししました。さらに何度も水を加えていき、最後にお湯を入れたら完成です。
こうして出来上がったものを、お客様がいらっしゃったら温めて提供しました。

翌年一〇月、「広島でコーヒーを楽しむ会」が開かれ、中根氏の仲介で廣瀬幸雄氏と星田宏司氏にお会いできた。お二人は三浦義武に関心を持っていて、研究の意義を理解してくださった。そのご縁で「コーヒー文化研究」一九号に「三浦義武――コーヒーに人生を捧げた石見人――」という拙文を寄稿させていただいた。

平成二四（二〇一二）年七月には、店でコーヒーを淹れていた三明深雪さんが下関にお住いだと知って訪ねていった。そこでさらに詳しく抽出方法を教えていただいた。彼女こそ世界初の缶コーヒーをつくっていた当人だと知ったのはこの時だった。

このような経緯を経て最初の試作品ができたのは平成二四年九月だった。しかし、それは満足できるものではなかった。改良を重ねて翌年一〇月の室谷棚田まつりで義武を知る人たちに飲んでいただいた。さらに店に通っていたという方々を訪ねて味見をお願いし、約一年かけて「店で提供していた味に近づいた」と言われるようになった。

平成二六（二〇一四）年一一月二九日、廣瀬幸雄氏のご提案で金沢大学の協力のもと「コーヒー学入門」という会を浜田市内で開催し、約一五〇名の方に試作品を味わっていただいた。その際、福島達男氏や繁田武之氏、中根氏はじめ多くの方のご指導で豆の挽き方や使用するネルの縫製方法を改良した。

その頃、私は日本のコーヒー文化の発展に大きく寄与した義武の功績を後世に伝えるべく顕彰碑を建立したいと願っていた。募金集めは「コーヒー学入門」開催日から始まった。多くの市民が賛同して浄財を寄せたが、中にはかつての常連客や缶コーヒー販売に苦労された人もいた。義武没後二五年経った今も、多くの人が彼のことを慕っていたのは驚きだった。

私は、三浦義武というコーヒーに人生を捧げた人を現代人に伝えるお手伝いをする中で多くの事象を

三明深雪さん（左）と三浦晴江さん（右）

学ばせて貰い、育てていただいた。それをただただ有難く思う。調査に際して、三浦義武のご家族である橋本和氏と三浦由美子氏には大変お世話になった。

ここ数年、複数の方から三浦義武についてまとめたものを刊行してはどうかとご提案いただいた。それを中根光敏氏にお伝えしたところ、京都の松籟社を紹介くださった。なんとお礼申し上げてよいか。出版をおひき受け下さった相坂一社長には深く感謝したい。編集に尽力いただいた夏目裕介氏に心からお礼申し上げたい。

序文は久保田章市浜田市長が公務ご多忙にもかかわらず書いて下さった。心よりお礼申し上げたい。

本書は島根県をフィールドにする地域学研究の成果の一例である。

今改めて、コーヒーをこよなく愛してコーヒーに人生を捧げた三浦義武と出遇えたことに感謝したい。本書が浜田市の推進する「コーヒーの薫る町づくり」や地域学の進展に少しでも役立てば幸いである。

末筆ながら、ご助力くださった全ての皆様と私を支えてくれる家族に心より感謝したい。

平成二九年一〇月三日　　娘婿宜宏《のりひろ》と孫の美琴《みこと》の誕生日に
安来市荒島町の寓居にて

神　英雄

執筆に際して、左記の方々にも大変お世話になった。記して謝意を表したい。

ＮＨＫ放送博物館、岐阜県公文書館、日本コーヒー文化学会、国立国会図書館、紺屋町商店街振興組合（浜田市）、山陰中央新報社、ジェントルビリーフ、司馬遼太郎記念館、島根県議会事務局、島根県立浜田高等学校、スチール缶リサイクル協会、東洋製罐株式会社、トリニティ・インベストメント広報部、ナマケモノ珈琲、日本テレビ、浜田市観光交流課、浜田でコーヒーを楽しむ会、浜田市立石正美術館島根学メンバー、松江地方法務局浜田支局、松江ニューアーバンホテル、明治製菓記念館、安来市加納美術館、ＵＣＣコーヒー博物館、ヨシタケコーヒー友の会、ヨシタケコーヒー認証審

査委員会、龍谷大学図書館、板井文昭、岩町功、上田初實、宇津徹男、大塚茂、岡橋正人、加藤章人、門脇修二、加納佳世子、加納二郎、吉川良雄、串間努、久須美雅士、佐々本芳資郎、清水昭朝、関口一郎、高井達彦、高橋一清、滝本洋子、田中昭則、俵清英、月森かな子、中村守宏、幡谷明、福田みどり、古田陽平、前田仁美、松本時郎、三明深雪、三浦和成、三浦尚、森光宗男、森脇良孝。（敬称略）

## 木田暮らしの学校カフェ

〒697-0427 浜田市旭町木田488
電話番号 0855-45-0307
営業時間 11：00 ～ 15：00
定休日 営業日：第1・3日曜 (12 ～ 3月は休業 )
駐車場 20台
HP http://kakehashi2014.jimbo.com/
http://www.facebook.com/kitatikusinkoukyougikai/
ヨシタケコーヒー：14日前までに6杯以上の予約で提供

## Café ゆう

〒697-1337 浜田市西村町1069-1
電話番号 090-1017-7936
営業時間 14：00 ～ 18：00
定休日 日曜・祝日・水曜
駐車場 10台
HP http://www.yuhipark-hamada.com/food/orizzonte/
オススメコーヒー：ブレンドFUN500円（税込）
ヨシタケコーヒー：提供日は未定

**2017年10月現在**

# ヨシタケコーヒー認証店

5つの認証事業所のうちヨシタケコーヒが飲める店は以下の通り。このほか、光明堂（浜田市三隅町三隅1092-3）は「羹珈琲」というヨシタケコーヒーでつくった商品を開発中である。

## Cafe ダイニング珈琲時間（コーヒータイム）

〒697-0062 浜田市熱田町125-62
電話番号 0855-27-3641
営業時間 9：00 ～ 16：30
定休日 不定休
駐車場 4台
HP http://www.coffee--time.com/
オススメコーヒー：ブレンドコーヒー 400円（税込）
※有機栽培コーヒー豆使用
ヨシタケコーヒー：毎週金曜日に数量限定で販売
※都合により販売できない場合があります

## orizzonte（オリゾンテ）

〒697-0017 浜田市原井町1203-1（ゆうひパーク浜田内）
電話番号 0855-23-8006
営業時間 11：30 ～ 22：00（ラストオーダー 21：00）
定休日 不定休
駐車場 160台
HP http://www.yuhipark-hamada.com/food/orizzonte/
オススメコーヒー：ブレンドコーヒー 400円（税込）
ヨシタケコーヒー：毎週土、日曜日に数量限定で販売
※都合により販売できない場合があります

# 著者プロフィール

**神　英雄**（じん　ひでお）（安来市加納美術館館長）

昭和二九年一〇月青森県八戸市生まれ。昭和五七年三月龍谷大学大学院修了後、龍谷大学仏教文化研究所客員研究員を経て地域文化研究所代表。龍谷大学講師・ＮＨＫ大阪文化センター講師・種智院大学講師ほか兼任。

平成一二年より二七年三月まで石正美術館と浜田市世界こども美術館で学芸員を勤め、平成二七年四月より現職。宮城学院女子大学客員研究員兼任。島根地理学会副会長、日本コーヒー文化学会会員。ヨシタケコーヒー認証委員。

主な著書は、『歴史景観の復原――地籍図利用の歴史地理――』（共著）（古今書院、一九九二年）、『斎王の道』（共著）（向陽書房、一九九九年）、『柿本人麻呂の石見』（自照社出版、二〇一〇年）、『妙好人と石見人の生き方』（自照社出版、二〇一三年）、『石見と安芸の妙好人に出遇う――人生の旅人たち――』（自照社出版、二〇一五年）など。専門は歴史地理学・地域学。

三浦義武《みうらよしたけ》　缶《かん》コーヒー誕生物語《たんじょうものがたり》

2017年10月3日初版発行
2017年12月15日第2刷発行

定価はカバーに表示しています

著　者　神　英雄
発行者　相坂　一

〒612-0801 京都市伏見区深草正覚町1-34
発行所（株）松籟社
SHORAISHA（しょうらいしゃ）

電話：075-531-2878
FAX：075-532-2309
URL：http://shoraisha.com
振替：01040-3-13030

印刷・製本　モリモト印刷株式会社

Printed in Japan

ISBN978-4-87984-359-3　C0023